JN439524

김미자 수필집

마음에 이는 바람을 따라

마음에 이는 바람을 따라

김미자 수필집

1판 1쇄 인쇄/ 2022년 7월 10일
1판 1쇄 발행/ 2022년 7월 15일

지은이 / 김 미 자
펴낸이 / 우 희 정
펴낸곳 / 도서출판 소소리

등록 / 제300-2007-21호
주소 03073 서울 종로구 성균관로5길 39-16
전화 / 765-5663, 010-4265-5663
e-mail: sosori39@hanmail.net
www.sosori.net

값 13,000원

*잘못된 책은 바꿔드립니다.

ISBN 979-11-5891-172- 0 03810

마음에 이는 바람을 따라

김미자 수필집

첫 책을 묶으며

한바탕 꿈처럼 피었던 봄꽃이 바람에 흩날립니다.

꽃눈을 맞으며, 꽃길을 거닐며 흘러간 시간을 돌아봅니다.

수필교실의 문을 두드린 지 10년, 오창익 교수님의 수필선집 『북창을 향하여』를 읽을 때 뭉클뭉클 가슴을 울리던 감동이 생생합니다. 그해 여름 등단 소식을 듣고 감사와 행복에 겨웠습니다. 무더기로 핀 나팔꽃을 어루만지며 향기로운 글을 쓰기로 다짐했으나 마음뿐이었습니다.

그럼에도 자상한 가르침으로 이끌어주신 스승님, 감사합니다. 끊임없이 격려해주신 선배님들, 덕분입니다. 책 좋아하는 딸을 예뻐하신 엄마, 고맙습니다. 글 쓰는 재미를 알게 해주신 아버지, 그립습니다. 응원해준 가족과 친구들, 사랑합니다. 쓰고 싶은 열망을 준 소소한 일상에 고맙다고 인사합니다. 제 삶을 주관하시는 하느님, 찬미합니다.

봄바람에 꽃잎은 자꾸 흩날리고, 떨어지는 꽃잎을 맞이하는 들꽃의 미소가 정겹습니다.

풀꽃 몇 송이 창가에 걸어두겠습니다. 삶을 사랑하며, 씨 뿌리고 꽃 가꾸는 마음으로 살겠습니다. 남창을 활짝 열어두고.

2022년 5월 이수에서

김미자 올림

축사

나팔꽃의 봄, 그 설렘의 미학(美學)

오창익

(『創作隨筆』 발행인)

수필문학가 金美子 님의 삶은 언제나 설렘이다. 풋풋한 봄날이다. 현직에서 물러나 가사에 전념하는 나날이지만, 언제나 그는 봄이 오리라는 길목에서 내일을 그리며 기다리며 젊게 살고, 또한 꽃피는 봄날 같은 일상에 감사하며 글을 쓰며 살기 때문이다.

그의 삶이 그렇듯 그의 문학도 늘 정겹고 밝다. 읽는 이에게 늘 설렘과 포근한 정감, 곧 '美的感動'을 준다. 그건 그 설렘과 감동 역시 바로 봄으로 사는 삶, 즉 속 깊고 인간적인, 보다 인간적인 사랑의 마음자리가 곧 그의 문학을 일구는 토양으로서 창작의 모태이자 본질이 되기 때문이다.

수필문학가 金美子 님은 오래전 『創作隨筆』로 등단한 중견 작가다. 당선작 「나팔꽃을 기다리며」는 제재의 동화나 자기화, 곧 의미화가 돋보여 문단의 주목을 받았던 수작이다.

주지하다시피 의미화란 주제의식을 형상화하기 위한 가장 효과적인 자기화 수법이다. 기법(技法)이 아니라 어디까지나 작자 자신의 독창적인 수법(手法)인 것이다. 따라서 의미화란 작자 나름의 주어진 소재를 분석하는 '개성'이요, 이해하는 '마음'인 것이다. 그 신선한 개성과 보다 깊고 따뜻한 마음이 김미자 님 수필에 있다.

해서, 작품마다 그 둘이 접목, 동화, 의미화 됨으로써 늘 공감과 감동을 자아낸다. 뿐만 아니라, 신변소재의 문예화가 필요로 하는 '主知의 객관화'와 '主情의 인간화'가 돋보여 문예수필 지킴이로서의 향도 역을 다하고 있다.

축하한다. 나팔꽃의 봄, 설렘, 그 기다림의 미학인 「마음에 이는 바람을 따라」의 상재를 진심으로 축하한다.

추천사

팔레트를 닮은 친구

남 복 희
(시인 · 수필가)

김미자 작가의 옷차림은 수채화를 닮았다. 그가 쓰고 있는 작품의 또 다른 얼굴일지도 모른다.

연한 보라색이 어울리는가 하면 붉은색으로 악센트를 준다. 노란 은행잎이 선물처럼 쌓인 가을 데이트엔 네이비블루 블라우스, 밝은 파랑 체크무늬 재킷에 낡은 청색 가방을 둘러멘 피렌체 유학생 모습이었다.

어느 비 오는 날, 창수문학 행사의 사회를 맡았을 때 그가 입은 진분홍 원피스는 짐짓 가라앉은 듯한 분위기에 청신함을 주었다. 수필낭독을 진행하는 날엔 편한 크림색 블라우스에 롱 베스트 차림이었고…. 때와 장소에 어울리는 의상을 고르는 탁월한 감각과 감성을 지녔다.

모란이 만개한 4월 중순, 강릉 가는 맞춤버스 안은 알록달록 꽃밭이었다. 그중에 라일락 연보랏빛 의상의 김 작가는 고향에라도 온 듯 구석구석을 안내한다. 중앙박물관 나들이에서는 꽃사전을 다 외운 듯, 작은 금장식 꽃부터 여기저기 숨어 있는 꽃 이름을 알려주는 숲 해설가였다. 김 작가의 부전공이 몇인지 아무도 모른다.

그런 김 작가의 대표색은 노랑, 곧 민들레 빛이다. 봄 오는 길섶에 핀 샛노란 민들레, 정답고 깔끔하고 자신감 있는 모습이 김 작가의 심성을 나타낸다. 수수문학을 함께 시작하고 키워온 지난 10년을 돌아보니, 봄빛을 좋아하고 그림, 여행, 책 편집에 열정적이다.

조용하고 끈기 있는 노란 민들레, 김 작가와의 인연에 감사하며 '두 번 안아주기', '아, 겨울 대구여', '열무김치' 등 작품에서 보여준 속 깊은 가족사랑에 감동한다.

더 넓게 더 멀리 수필의 향기를 전하는 민들레 씨앗이 되기 바라며, 고운 빛으로 준비한 첫 수필집 출간을 진심으로 축하한다.

▷ 차 례

2. 선물 같은 하루

3. 별을 헤아리며

4. 우산을 쓴 매미

1.
군자란의 봄

꽃은 조용히 오므라들어 옥춘당 모양이 된다. 차분하고 정갈하게 시들어간다. 달콤한 느낌을 남기고 스러지면, 짧은 밤이 이울 무렵부터 그는 다시 꽃을 낸다. 대단한 에너지다. 가느다란 줄기 어디에 그런 힘이 들어 있는지 그저 놀랍다. 어둠이 깊을수록 꽃의 색이 더욱 선명해지니, 긍정적인 격언을 떠올리게 한다. 볼수록, 알아갈수록 사랑스럽다.

군자란의 봄

"서프라이즈!"

주홍빛 꽃다발이 배달되었다. 창가에 활짝 핀 군자란이 싱그러운 인사를 건넨다. 봄을 알리는 첫인사, 봄이 지척에 왔다는 기쁜 소식이다.

어제는 종일 겨울 때를 씻는 비가 내려 마음이 촉촉했는데 오늘은 바람이 거칠게 불고 눈보라가 휘몰아쳤다. 3월도 저무는데 떠나가는 계절의 발길이 저리 무거울까. 그렇게 몸부림치며 쏟아진 눈은 땅에 닿기도 전에 흔적 없이 사라졌지만 거친 바람은 밤늦도록 거리를 휘저었다. 올해는 봄의 걸음이 유난스레 느리다. 저 멀리 남녘에서 어물거리고 있을 뿐이란다. 그런데 나의 창가에는 벌써부터 봄기운이 넘친다.

얼마 전 군자란 연둣빛 꽃대가 슬그머니 머리를 내밀기에 '봄이 오는구나.' 했는데 이제 활짝 피었으니 봄이다. 꽃샘바람이 옷깃을 파고들어도, 어디에 눈 소식이 있다 해도 봄이다. 곧 봄꽃이, 연둣빛 잎들이 이 도시를 장식하리라.

우리 집 베란다에는 겨울 내내 꽃이 핀다. 두 개의 삼단 화분대를 가득 채운 제라늄. 그것들은 긴 목을 곧게 세우고 힘차게 피워 올린다, 빨강, 분홍, 주황, 하양, 그리고 진분홍의 탐스런 꽃송아리들을. 화사한 제라늄 사이로 크리스마스선인장과 사랑초도 만발해 조화를 이루니, 덕분에 창가의 겨울 풍경은 어설프거나 쓸쓸하지 않다. 오히려 꽃을 보는 즐거움이 넘친다. 함박눈이라도 내릴 때면 꽃송이들은 하얀 레이스 커튼에 놓인 수처럼 도드라져 더욱 아름답다. 꽃들은 추위에 민감해 외출이 뜸한 나에게 위안과 기쁨을 준다.

차 한 잔 마련하여 창가의 꽃을 보며, 이국의 고풍스런 거리, 카페에 앉아 커피를 홀짝이던 때를 떠올린다. 창가를 제라늄 화분으로 꾸민 아기자기한 건물들, 중세의 마차 소리가 들려오는 듯한 길모퉁이들. 비 오는 거리를 우산 없이 어슬렁거리던 일, 풍경의 일부가 되었던 날을 추억한다. 겨울 정취가 이러하니 봄이 오는 걸 알아차리기 쉽잖다. 그런 우리 집의 봄은 조용하고 의젓한 군자란과 함께 시작된다.

백합목, 수선화과의 다년생 식물인 군자란. 베란다 한쪽 에어컨 실외기 위에 자리한 그는 겨울 동안 눈에 띄지 않는다. 진녹색 두툼한 잎을 하늘 향해 힘껏 뻗은 채 고요히 서 있다. 미동도 없다. 나도 가끔 물을 주면서 안녕을 확인할 뿐, 침묵을 방해하지 않는다. 날이 가고 또 오고…, 옅은 겨울 볕을 말없이 품다가 마침내 2월 어느 날쯤 긴 침묵을 깬다. 튼실한 꽃대를 슬쩍 내밀어 건재를 알린다. 다시 며칠 망설이듯 주춤주춤 숨을 고른 후 꽃봉오리들을 힘차게 밀어 올리기 시작한다. 그때쯤에는 나도 알아보고 손을 내민다. 그를 반겨 어루만진다.

지난가을에 분 나누기를 하여 아기들을 셋이나 독립시켰다. 그래서 올해엔 꽃을 기대하지 않았는데 그는 저 혼자 약속을 지켰다. 모두 스물한 송이, 잘 만든 부케 모양의 꽃. 나는 또 하나의 꽃다발을 받았다. 아아, 고맙고 사랑스럽다. 멋진 군자란, 그 성실함이 기특하고 자랑스럽다. 좋은 일이 생길 것 같아 마음이 부푼다.

어릴 적 엄마가 군자란을 처음 얻어 오셨던 때가 떠오른다. 얼마나 싱글벙글, 귀하게 여기셨던지! 겨울이면 혹시라도 얼까, 따뜻한 방에 들여놓고 정성을 쏟으셨다. 어린 마음에도 먼 아프리카 땅에서 왔다는 그가 신기했고 잘 대접해야 할 손님 같았다. 그런 인연으로 자연스럽게 내 창가의 꽃이 되었지만 처음부터 잘 기르진 못했다. 실패가 거듭되었고 자꾸 빈 화분이 되어 버려졌다.

그해에도 '역시나'였고, 시들어버린 화분을 한쪽으로 밀어놓았다. 오랜만에 오신 엄마가 흙만 남은 화분을 보고 말씀하셨다.

"버리지 말고 좀 기다려봐. 어쩌면 성한 뿌리가 남아 있을지도 몰라."

혹시나 하여 그렇게 했지만 기대는 하지 않았다. 얼마 후에 이사했는데, 연이 남았던지 버린 줄 알았던 그가 따라와 있었다. 어쩐지 안쓰러워 화분을 깨끗이 닦아서 볕 잘 드는 수돗가에 두었다.

어느 날 내편에게 커다란 병고가 닥쳤고 오랫동안 다른 데 마음 쓸 여력이 없었다. 혼신을 다해 고통과 대적하느라 계절 바뀌는 것도 몰랐다. 가끔 허리를 펴고 먼산바라기를 할 때에나 한 번씩 물로 흙을 적셔주었을 뿐이다. 그렇게 2년 가까운 시간이 흘러간 봄 어느 날, 담록의 싹이 뾰족하게 올라와 있었다. 놀라웠다. 반갑고 기뻤다. 그것은 어려운 시기를 견디던 나에게 희망의 상징으로 다가왔다. 그 작은 잎을 보며 나도 시련을 이겨낼 수 있을 것만 같았다.

긴 기다림 끝에 싹을 틔운 그는 '쑥! 쑥!' 소리가 나도록 빠르게 자랐다. 잃어버린 시간을 보상하기라도 하듯이. 그리고 바로 그날, 놀라 "아!" 하고 탄성을 질렀으니, 화려한 주홍색 꽃다발이 거기 있었다. 결코 잊을 수 없는 가을 아침이었다.

그리고 그해 겨울 중반, 환자는 기적이라는 말을 들으며 병석을 벗어났다. 그러나 희망의 메시지를 주었던 군자란은 겨울을 못 넘기고 치열한 생을 마감하고 말았다. 시련의 막바지에서 집을 여러 날씩 비워야 했고, 그러다 혹한이 닥친 어느 밤에 꽁꽁 얼어버린 것이다. 그 모습을 본 친구가 말했다.

"네가 고난을 대신 지고 갔구나."

나는 다시금 군자란을 구해 곁에 두고 가꾸며 그 일을 가슴에 새긴다. 한참씩 바라보며 말도 건넨다. 절망의 골짜기에서 보았던 희망을 기린다. 의젓하고 믿음직한 친구, 아니 사랑하는 가족이다. 오늘도 군자란과 함께 봄을 맞으며 두 손을 모은다. 사랑하는 이들에게 기쁜 일이 있기를.

고맙다, 군자란. 사랑한다, 군자란!

(2012. 3. 『창작수필』 84호)

나팔꽃을 기다리며

나팔꽃이 쑥쑥 자란다. 내 마음도 점점 부푼다.

올해도 춘분날에 큼직한 화분 두 개에다 씨를 뿌렸다. 청명쯤에 싹이 트고 움쑥움쑥 자라서 어제는 버팀목을 세워주었다. 곧 귀여운 덩굴손도 나오겠지. 모종도 나눠주고 아파트 담장 밑, 길모퉁이에도 씨를 심었다. 꽃이 피면 잠시 걸음을 멈춘 이웃들이 꽃처럼 환히 웃어보라고.

나팔꽃. 영어로 '모닝 글로리', 꽃말은 '기쁜 소식', '결속', '속절없고 허무한 사랑'. 흔하게 볼 수 있어 고향이 인도라는 사실이 외려 어색하다. 연약한 외모와는 달리 생명력이 강하다. 도시의 콘크리트 담 밑이나 흙먼지로 뒤덮인 시골길을 가리지 않고 음지, 양지를 따지지 않는다. 한 뼘의 공간, 씨를 덮을 흙 한 줌만 있으면 터 잡고 꽃피우며 여름 아침을 연다. 고향집 뒤뜰에 피고 지던, 학교 가는 길에 나를 반겨주던 꽃이다. 친구 같은, 자화상 배경에 넣고픈, 즐겨 쓰는 찻잔에 그려진 꽃, 일상의 소품 같은 꽃이다.

20여 년 전, 은행에서 나눠준 나팔꽃 씨를 심었다. 싹이 튼 화분을 창밖 화분대에 올려놓고 혹시라도 떨어질까 잘 묶어두었다. 아파트 9층, 높이가 어지럽지도 않은지 잘 자라서 꽃을 피웠다. 꽃을 보며 뜻밖의 선물을 받은 듯 행복해 눈가가 촉촉해졌다. 아침마다 꽃을 보러 베란다로 나갔다.

여름휴가를 이틀 앞둔 날. 새벽 2시가 넘도록 식탁 앞에 앉아 보고서를 쓰고 있는데, 갑자기 바깥쪽에서 '쿵! 쿵!' 둔탁한 소리가 났다. 이어서 "엄마아, 엄마!" 하는 울음 섞인 목소리가 들리는 게 아닌가! 베란다로 나가니 어린애 하나가 엉금엉금 기고 있다. 얼른 안고 살펴보자 여섯 살배기 윗집 아이다. 이마가 찢어져 피가 흐르지만 의식은 맑아 보였다. 지혈하며 구급차를 불렀다.

인터폰을 해도 받지 않아 아이를 안고 올라가 초인종을 눌렀다. 네 살 동생이 저 혼자 있다며 울먹인다. 열리지 않는 문 너머의 동생까지 달래놓고 구급차를 탔다. 다행히 크게 걱정할 건 없단다. 가슴을 쓸어내리며 돌아오니, 그 소동에 잠 설친 이웃들이 경비실 앞에 나와 있다. 한 사람이 "여기에 열심히 기도하는 사람이 사는 게 틀림없다."고 말했다. 고개를 끄덕이는데 위층 부부가 돌아왔다. 아이들을 재워놓고 운동하러 갔었단다. 그 가족은 전에 다세대주택 1층에서 살았는데, 그 개구쟁이가 베란다를 통해 옆집으로 건너다니곤 했단다.

집에 돌아와 베란다로 갔다. 한밤중에 깬 아이가 무심결에 베란다를 넘었던 절체절명의 순간, 거기에 나팔꽃이 있었다. 그 화분 위로 떨어졌다가 창 안쪽으로 밀려들어온 아이는, 다시 선인장 화분을 거쳐 타일 바닥으로 떨어졌다. 엉망이 된 화분들과 안으로 쏠리며 길게 찢어진 방충망이 증거다. 아침 햇살 아래 서서 장한 꽃, 생명을 구하고 쓰러진 꽃을 바라보았다.

휴가 첫날. 상한 화분을 손질하고 방충망도 새로 달았다. 크리스마스선인장은 줄기 몇 개만 꺾였을 뿐 괜찮아 보였다. 문제는 나팔꽃, 기적의 주인공은 성한 데가 없다. 뭉개진 화분을 안에 들여놓고 물을 흠뻑 주고 집을 나섰지만 여행 내내 찜찜했다. 열흘 후, 돌아와 시든 줄기에서 씨앗 몇 개를 거두었다. 그 후 오래도록 씨앗을 심지 못했다. 참담했던 모습이 자꾸 떠올라서다.

몇 년이 지난 어느 날, 성경을 공부하던 중에 문득 '기도를 엄청 열심히 하는…'이란 말이 떠올랐다. 씨앗을 얻어 와 심고 길러 생명을 구했던 일을 돌이켜 보고, 사고를 막아주신 은총에 다시금 감사기도를 바쳤다. 심중에 각인된 꽃의 마지막 모습은 사랑과 희생의 상징으로 바뀌었다. 씨앗을 꺼내 보며 봄을 기다렸다.

오래 묵었어도 싹이 돋고 잘 자랐다. 이번엔 창 안쪽에 두고 정성을 쏟았다. 매일 몇 송이가 피었는지를 기록하고, 꽃 사진과 꽃 보러 오라는 메시지를 친구들에게 보냈다. 그런 나를 사람들이 놀렸다. '호박도 오이도 아닌 걸 가지고 웬 수선이냐'며 우습단다. 그들에게 씨앗과 모종을 나눠주고, 꽃 핀 화분을 바구니에 담고 리본을 달아 선물했다. 꽃 보는 기쁨을 나누고 싶어서.

잠 설친 신새벽, 습관처럼 베란다에 나갔다가 나팔꽃의 개화를 지켜보았다. 흰 줄무늬의 자줏빛 우산을 곱게 접은 듯 갸름한 봉오리가 살짝 부풀다가 서서히 펴지는 모습은 섬세하고 우아했다. 반쯤 벌을 때부터 풍기는 향기는 고혹적이다. 분꽃 향보다 훨씬 강렬하다. 신비로운 경험이다. 두 시간 가까이 지켜보며 그 모습을 마음에 새겼다.

그토록 공들여 핀 꽃이 한나절도 안 되어 시들고 만다. 그래서 허무하다, 속절없다며 안타까워한다. 꽃은 조용히 오므라들어 옥춘당 모양이 된다. 차분하고 정갈하게 시들어간다. 달콤한 느낌을 남기고 스러지면, 짧은 밤이 이울 무렵부터 그는 다시 꽃을 낸다. 대단한 에너지다. 가느다란 줄기 어디에 그런 힘이 들어 있는지 그저 놀랍다. 어둠이 깊을수록 꽃의 색이 더욱 선명해지니, 긍정적인 격언을 떠올리게 한다. 볼수록, 알아갈수록 사랑스럽다.

생명을 구한 꽃에게 '허무, 속절없다' 대신 새로운 의미를 부여하자. '생명을 주는 사랑, 아낌없이 주는 사랑'을 꽃말로 하자. 그러고 싶다. 지금은 준수한 청년이 되었을 그 아이, 나팔꽃을 보면 나를 떠올리려나. 그의 부모가 목회자로 키우고 싶다 했으니, 나팔꽃처럼 사랑과 기쁨을 나누는 사람이 되었으면 한다.

곧 5월, 벌써부터 수은주가 치솟고 볕도 따갑다. 봄꽃을 화르르 피운 짧은 계절이 떠나려 한다. 철쭉과 모란이 지면 장미의 날이 오겠지. 그러나 마음은 여름으로, 나팔꽃 피는 아침으로 곧장 달려간다. 작년엔 모두 489송이의 꽃이 기쁨을 주었다. 올해는 어떨까, 생각만으로 가슴이 두근거린다. 풍선처럼 부푼다.

기쁜 소식 한 아름 안고 피어라. 넘치는 생명력으로 피어라. 나팔꽃, 어서 피어라.

(등단작 2012. 5. 『창작수필』 85호)

하늘나라 우체통

오랜 기다림 끝에 비가 왔다. 밤늦게 시작해 쉬지도 않고 줄기차게 쏟아지던 비는 오후 들어서면서 서서히 그치고 개었다. 물기 어린 하늘 아래 펼쳐진 산뜻한 풍경, 한 폭의 수묵화에 끌려 집을 나서니 발이 절로 공작봉(孔雀峰)으로 향한다.

건널목 앞. 녹색 신호를 기다리는데 누가 자꾸 쳐다보는 것 같아 돌아보니 빨간 우체통, 빗물로 씻은 얼굴이 다정하게 웃고 있다. 언제부터 그곳에 있었던가, 반갑기도 하고 또 늘 지나다니면서 보지 못했던 게 미안하기도 해서 손을 내밀어 어루만진다. 투입구에 편지를 넣는 시늉도 해본다.

길을 건너 빌딩이 밀집한 번화가를 벗어나서 숲으로 이어지는 언덕을 오르는 내내 아버지 생각이다. 빨간 우체통, 그것과 마주치면 아버지가 보고프다. 초등학교 시절부터 아버지의 편지를 대필하고 우표를 붙여 우체통으로 달려가던 추억 때문이다. 받아쓰기 공부로 시작되었던 편지 대필이 언제부턴가 바쁘신 아버지를 도와드리는 나의 일이 되었다. 성장해 집을 떠날 때까지 즐겁게 했던 그 일을 통해 편지 쓰는 것은 자연스레 생활의 일부요 취미가 되었다. 그러고 보니 꽤 오랫동안 편지를 쓰지 않았다.

"뭐가 그리 바쁘다고…." 혼자 중얼거린다.

솔숲을 지나 야생화 피고 지는 오솔길을 조금만 더 오르면 풀색 울타리 너머로 '현충원', 공작이 날개를 펴 감싸 안은 형상의 아늑한 정원이 나타난다. 그 입구에 서서 진초록의 숲을 바라보며 숨을 고르는데 마주 오는 한 줄기 청량한 바람에 땀이 식는다. 마음을 가다듬고 현충탑 쪽을 향해 머리를 숙이며 두 손을 모으니 오늘도 가슴이 뭉클하다.

'여기는 민족의 얼이 서린 곳….' 탑에 새겨진 헌시를 따라 외며 발을 옮긴다.

'…조국과 함께 영원히 가는 이들/ 해와 달이 이 언덕을 보호하리라.'

산책로를 따라가면 수풀 너머로 드넓은 묘역이 눈에 들어온다. 풍상에 씻긴 비석들로 가득한 그곳은 언제 보아도 '장엄한 넋의 화원'이다. 비석 하나하나가 흰 국화로 피어난, 참 아름다운 호국의 꽃밭이요 수만 송이 순국의 꽃밭이다. 그 비석들 앞에 놓인 몇 송이 무궁화도 정갈하고 기품 있다. 그래서 이 아름답고 고귀한 화원 앞에 서면 가슴이 먹먹하고 비장해진다. 그분들의 위대한 희생, 숭고한 사랑에 가슴이 먹먹하여 재차 손 모으고 절한다.

우람한 나무 사이를 천천히 걷는다. 걸으며 팍팍한 일상은 잊고 고즈넉한 풍경의 일부가 된다. 한 그루 나무가 된 듯 마음이 고요해진다. 아름드리 은행나무가 늘어선 솔내길에 접어드니 몇 사람이 도란거리며 걷고 있다. 이 장엄한 넋의 화원에서 내가 제일 좋아하는 길이다. 길게 이어지는 그늘 길이 조용하며 사계절 경치가 아름답기도 하거니와 특별히 마음을 끄는 시를 만날 수 있어서다. 조금 걷다가 한 편, 다시 걷다가 한 수 읽으며 숙연해지고 애잔해진다.

잘 다녀올 테니
아이들 잘 보살피고
몸조심하라시며
우리 세 식구 남겨둔 채
태극기를 흔들며
입대하시던 당신 모습!

조국을 위해
청춘을 불사른
장하신 당신의 명복을 빕니다.

어느 아내의 추모시 앞에 번번이 멈추어 선다. 생각에 잠긴다. 소박하고 의연한 짧은 글 속에 차마 못 한 말이 그 얼마일까, 단어 마디마다 어룽진 애절한 저 마음을 어찌 다독였을까. 행간을 더듬어 헤아리며 한참을 서성거린다.

아쉽고 미진한 무언가가 있던 중에, 최근 대전 현충원에 '하늘나라 우체통'이 생겼다는 소식을 들었다. 무척 반가웠다. 폭도 높이도 3미터가 넘는다는 초대형 빨간 우체통에는 사연을 싣고 하늘로 날아오를 멋진 날개도 달려 있다고 한다. 부칠 곳 없어 묘비 앞에 놓이던 못다 한 이야기들, 보는 이의 마음을 아프게 하던 편지들이 더는 비에 젖지 않게 되었다니 참 고마운 일이다. 유족들에게 작으나마 위로가 되겠다. 가슴에 얼룩져 남은 사연을 날개 달린 우체통에 담아 꼭꼭 전하겠다는 뜻이 예쁘고 고맙다. 따뜻한 배려가 마음에 든다.

현충지(顯忠池) 물가의 벤치에 앉아 저무는 하늘을 본다. 흘러가는 구름 사이로 아버지의 모습이 어린다. 편지가 쓰고 싶다. 조국을 위해 청춘을 불사르신 선열, 위대한 호국영령께 은혜를 기리는 편지를 쓰자. 저 하늘에 함께 계신 아버지께 그리운 마음을 적어 보내자. 편지의 접수처는 '하늘나라 우체통'이리니.

(2012. 『창작수필』 86호)

예방주사

현관에 들어서는 작은애의 목소리가 소프라노다. 오늘 회사에서 단체로 독감 예방주사 맞았다며 의기양양하다. 잘했다며 등을 토닥여준다. 조석으로 서늘한 바람에 옷깃을 여미게 되고 단풍 소식도 들리는 가을, 아름다운 계절이다. 그러나 단풍놀이보다 앞서는 우리 집의 화두는 예방접종. 매년 이맘때면 온 가족이 독감 예방주사를 맞는다.

아이들은 저희가 젊다는 이유로 병원 가기가 창피하다며 거절하기 일쑤였는데, 2년 전 둘째가 신종플루로 큰 고생을 하고 난 후로 달라졌다. 게다가 올해는 다른 예방주사까지 청하며 응석이다.

"그런 건 엄마가 알아서 다 해주셔야지이!!"

혀 짧은 소리에 어이없어 웃는다. 그래, 이게 나의 직무인가

하면서.

70년대 중반, 고향의 한 병원에서 근무를 시작하면서 곧장 무의촌 진료 팀에 지원했다. 생활의 단조로움을 벗어나, 의미 있는 일을 하고 더불어 자연도 즐길 수 있다는 데 마음이 끌렸다. 마리아 수녀님과 운전기사 스테파노 씨, 그리고 나, 우리는 봄부터 가을까지 일주일에 한두 번, 탄광지대와 깊은 산골, 후미진 농어촌 마을들을 찾아갔다. 거기서 성당 공소 마당이나 이장님 댁 뜰을 빌려 테이블 하나에 의자 두 개, 초소형 간이 진료소를 차리곤 했다.

수녀님께서는 주로 피부질환자와 임산부 진료, 거동이 불가능한 환자 방문을 하셨고 나는 어린이들에게 결핵과 소아마비 DPT, 홍역, 풍진 같은 예방접종을 해주었다. 파란 눈의 수도자가 신기한지, 무료에 가까운 접종 비용 때문인지, 엄마들이 안고 업고, 손잡고 온 아이들이 참으로 많았다. 하루에 적게는 5, 60명, 많게는 800여 명이 찾아왔다.

대개는 당일 코스가 가능했지만 버스와 기차를 번갈아 타고 가서 1박을 해야 하는 곳도 있었는데, 유난스레 멀미가 심한 나에게 쉬운 일은 아니었으나, 기쁜 마음으로 할 수 있었다. 울며 버티는 아이들을 달래가며 하루 종일 일하고 돌아오는 날엔, 자다가 아기를 달래는 잠꼬대를 했다. 이튿날엔 어깨가 뭉쳐 팔을 들어올리기가 어려울 때도 많았고.

그러나 지금도 생생하게 떠오르는 장면들. 이슬 머금은 들국화가 금빛 햇살에 빛나던 가을 아침 산등성이, 샌드위치로 늦은 점심을 먹던 바닷가 언덕에서 빛나던 억새풀, 고요한 간이역에 쏟아지던 오후의 햇살, 철길 따라 끝없이 이어지던 꽃길, 주사를 맞은 꼬마들과 어울려 오디를 따 먹던 한가로운 들길…. 모두 하루의 고단함을 말끔히 씻어주던, 한달음에 돌아가고픈 내 푸르른 날의 기억이다.

곰곰 되짚어보니 남루한 옷에 땟국 흐르던 아이들, 겁에 질려 눈물을 뚝뚝 떨구면서도 꿋꿋이 팔을 내밀던 그들의 반짝이는 눈동자가 나에게 큰 힘을 주었다. 또 이른 아침부터 올망졸망한 아이들을 데리고 와서 줄을 서던 아낙들, 자녀의 건강을 바라는 진한 모정에 끌려 사명감을 느끼기도 했다. 무탈하게 자란 그들이 지금쯤엔 사회의 건각이 되었으리라 생각하니 마음 한구석 뿌듯하기도 하다.

의기투합하여 오솔길과 들판, 바닷가 모래톱을 함께 누볐던, 연전에 고향인 아일랜드로 떠나가신 마리아 수녀님이 무척 그립다. 뭉치고 굳은 등과 어깨를 주물러주셨고, 출장 때마다 도시락도 직접 준비하셨다. 평소에도 눈비 가리지 않고 작은 가방에 약을 챙겨 들고 환자들을 찾아다니셨는데, 가끔 그 길에 동행하면 어찌나 좋아하시던지. 바람에 일렁이는 보리밭 사이를 함께 걸으며 고향 마을에 돌아온 것 같다고 말하셨다. 그분 곁에 머문 것은 내게 행운이었다. 그분의 가난하고 아픈 이들에 대한 사랑에 매료되어 나도 큰 기쁨 속에 살았다.

그렇게 들로 산으로 소풍 다니듯 4년을 보낸 후 아쉽게도 결혼하며 떠나왔다. 고향의 대자연을 떠난 나의 서울살이를 걱정하신 수녀님. 어느 날 서울 본원에 오시는 길에 우리 집까지 찾아와 주변 환경을 살펴보기까지 하셨다. 내 마음자리뿐만 아니라 생활터전의 건강까지 보살피셨다. 그랬던 분이 지금 쇠약해진 심장 때문에 고생하신다는 소식이다. 어서 회복하시기를 간구한다. 그 사려 깊은 푸른 눈동자, 좀 어눌해도 또박또박 힘주어 하시던 우리말과 맑고 밝은 웃음소리가 몹시도 그립다.

이즈음에는 아기들의 예방접종이 손쉬우니 무척 다행스럽고 기쁘다. 또 이틀을 쓰고서야 다녀오던 그 외진 곳들이 이제는 자동차로 한 시간 남짓이면 갈 수 있다 하니 발전에 감탄한다. 게다가 봉사와 나눔의 대상이었던 이 땅의 젊은이들이 세계의 오지로 나아가 열심히 봉사하는 모습을 매스미디어를 통해 접하며 대견하고 흐뭇한 한편, 격세지감을 느끼기도 한다.

딸들의 예방접종 기록을 살펴보고 나서 '가다실' 접종 계획을 세웠다. 건강한 어른이 되는 과정을 마무리하는 어미의 임무다. 수녀님의 크나큰 사랑에 비할 수야 없지만, 자녀의 건강을 바라는 모정이다. 풍성한 수확을 위해 웃거름 주는 농부처럼 바라거니, 내 사랑하는 딸들도 부디 나누고 베풀며 살기를!

훗날 아이들이 제 가정을 이루면 손자들의 예방접종도 내가 앞장서리라. 어찌 몸 건강뿐일까, 건전한 삶을 꾸릴 지혜의 예방접종도 게을리 말아야지. 그때가 빨리 왔으면 좋겠다. 언제일지 모를 그날을 기다리며 벌써부터 설레는 이 마음을 어찌할까. 어찌할까나.

(2012. 『창작수필』 87호)

나의 가죽옷

전례 없이 춥고 긴 겨울이 드디어 갔나 보다. 그 뒤꿈치에 '입춘폭설'이라는 신조어를 만들고도 모자라, 우수, 경칩 지나도록 머뭇거리던 계절. 요 며칠은 모처럼 따스하다 했더니, 춘분 선물이 강풍에 기온 급강하다. 꽃샘추위. 날카로운 바람이 옷자락을 파고드니 내일은 가죽재킷을 입어야겠다. 가죽옷, 기분이 살짝 들뜬다.

가죽옷, 튼튼한 옷. 겉은 차갑지만 속은 따스하다. 바람을 막아 몸을 보호해준다. 입고 있으면 마음이 가벼워지고 즐겁다. 창백하던 얼굴에 생기가 돌고 기운이 솟는다. 손수 지으신 '가죽옷'을 입혀 사람을 험한 세상으로 내보내신(창세기 3장 21절) 신의 뜻을 헤아리며 감사기도를 바친다. 이 성경 구절은 내 삶의 크나큰 격려이며 힘의 원천이다.

그해 봄, 이제 그 사람을 회복시키기 어렵겠다는 의사의 말을 들었다. 옮겨 간 큰 병원에서도 이 상황에 무엇을 기대하느냐고 물었다. 간경화 말기에 암까지 겹쳤는데, 무엇을 위해 그렇게 열심히, 적극적 치료를 요구하나, 다 알고 있지 않으냐는 눈빛을 보며 나는 더 굳게 다짐하였다. 지난 20년간 치료와 식이요법으로 잘 버텨왔으니, 끝까지 노력하기로. 오래전에 했던, 혹시라도 많이 아파지면 '곁을 떠나지 않고 지켜주기로' 한 약속이 생각났다. 환자는 반대했지만, 약속을 지키고자 나는 직장을 그만두었다.

지극히 어려운 상황에 유일한 희망은 이식 수술뿐. 그러니 수술 받을 수 있는 날, 언제일지 모를 그날까지 견뎌내는 것만 남았다. 수술의 성공에 대한 확신이 부족하던 때였기에 내 것만은 절대 받지 않겠다는 그였다. 중고생인 두 딸은 체격조건이 되지 않았고, 가까운 이들이 장기를 나눠주겠다고 나섰지만 적합하지 않았다. 결국 밤낮 구별도 없이 응급실 거쳐서 병실로, 다시 집으로…. 며칠 지나면 또 다급히 응급실로 향하는 사투의 나날이 이어졌다.

당시 나는 명동성당에 성경 공부를 하러 다녔는데 어쩔 수 없이 자주 결석하였다. 안타깝던 차에 신약성경 쓰기 행사를 한다는 소식을 듣고, 곧바로 거실 한쪽에 찻상을 펴놓고 틈나는 대로 쓰기 시작했다. 환자를 돌보며 틈틈이 한 줄, 또 두세

줄, 열심히 썼다. 그 무엇보다 기도가 필요했지만 자꾸 분심이 들어 도무시 기도할 수 없었다. 그래도 한 자, 한 단어, 한 문장…, 글로 옮기는 것은 가능했다.

그리스도의 삶을 필사하면서 그분 가시는 발길을 따라 어디든 달려가 군중 속에서 모든 현장을 보았다. 그분의 옷단을 만진 부인이 한없이 부러웠고 키 작은 자케오를 따라 나무 위로 올라갔다. 오병이어로 오천 명을 먹이신 외딴 곳에 내 가족을 데려갔고, 산상설교를 가슴에 새겼으며, 나를 눈여겨보시는 그분의 간곡한 눈길을 받았다. 골고타 언덕에서 살아온 날들을 돌아보기도 하였다.

사도행전과 서간문을 쓸 때에는 초기 교회 공동체의 삶의 자리에 함께했고 지난한 선교 여행을 뒤따르면서 세상 구석구석까지 순례했다. 마침내 묵시록에서 세상의 끝을 바라보며 100여 일 만에 필사를 마쳤다. 읽고 쓰며 해온 긴 묵상을 마칠 때 가없는 기쁨이 밀려왔다. 행복했다.

손가락과 팔의 관절들이 아프다고 아우성이었지만 이어서 구약성경을 쓰기 시작했다. 그러자 주변을 서성이며 말없이 지켜보기만 하던 그가 상을 밀어내는 시늉을 하며 만류했다. "됐어, 이제 그만해." 의식이 흐렸다 개었다 하며 내일을 알 수 없는 중에도 무리가 될까 걱정이었나 보다.

그날부터는 성경을 읽었다. 물 없는 광야에서 죽어가는 아들을 차마 지켜볼 수 없다고 울부짖는 하가르를 바라보며 나도 울었다. 비통하게…, 아주 오랫동안. 그녀의 눈물을 씻어주신 분이 바로 나의 그분이심을 깨달을 때까지. 위중한 상황에서 환자도 나도 지극히 힘들었지만 성경을 쓰고 읽으며 위로받고 힘을 얻었다. 모든 일을 가벼운 일상이라 여기고 웃으며 지냈다.

그의 곁을 지키는 동안 해가 바뀌고 다시 날이 가고 달이 지나갔다. 늦가을 어느 날 차마 받아들일 수 없는 검사 결과가 나왔을 때, 동생 소피아가 "언니는, 이 상황에서 어떻게 웃음이 나오느냐?"며 화냈지만, 죽음과 맞서 의연히 버티는 그 사람이 그저 고맙고 예뻐서 나는 웃었다. 그걸로 충분했다. 그는 내 눈 속에 있고, 나는 그의 곁에 있었다. 우리는 서로의 손을 꼭 잡은 채 어두운 터널 속을 함께 걸었다. 그리고 그날, 온 세상이 눈에 덮여 새하얗던 성탄절 이른 아침, 마침내 수술실로 실려 간 그는 새 생명을 얻었다.

건강을 회복한 지 13년하고 3개월이다. 바로 며칠 전, 그는 병상에서 간절히 바라던 소망 하나를 이루었다. 딸의 손을 잡고 결혼식장에 입장하는 모습이 어찌나 장하고 어여쁘던지!

지금 그는 건강하고 안녕을 위한 나의 일에도 쉼표가 없다. 달라진 것이 있다면, 때로는 그가 나를 보살핀다는 것. 여느 부부처럼 우리도 서로 돌보며 사는 중이다. 그래도 고단하다, 힘들다 싶으면 성경을 편다. 삶을 기쁘게, 반듯하게 해줄 지혜를 찾는다. 그 가죽옷을 입고 하루, 또 하루를 살아냈던 선조들을 생각하면서.

그렇다. 가장 좋은, 가장 튼튼한 옷은 바로 성경, 하느님의 말씀이다. 가죽옷이 몸을 보호하고 따뜻이 감싸주듯이, 주님은 내 짝에게 새 생명을 주시고 내 영혼을 따뜻하게 감싸주셨으니까. 때로 흠집도 생기고 세월 속에 낡아가겠지만, 흐르는 세월 따라 윤기도 더해지지 않겠는가.

두고두고 아끼며 마음 춥고 시릴 때마다 꺼내 입으리라. 나의 가죽옷, 하느님의 말씀을.

(2013.『창작수필』 88호)

열무김치

벚꽃 그늘을 느긋이 즐기는데 문자가 온다.

'옴마, 신랑이~ 욜무김치만 찾아대.'

신접살림 3주차인 딸이다.

'다 먹었니?'

'아니, 아직 쫌 이쩌. 국물이 시원하댕!'

나들이를 서둘러 접고 집 근처 재래시장으로 내달린다. 그래, 그게 맛있다는 거지?

오늘의 열무를 고르기 위해 제법 큰 재래시장을 한 바퀴 돈 다음, 미리 점찍어둔 일등품, 여리고 통통하고 조금 짤막한 열무 단을 집어 든다. 얼갈이와 속이 노오란 봄배추, 부추와 붉은 고추까지, 장바구니가 수북해진다. 귀가 후 연초록, 여리고 싱싱한 줄기와 잎을 다듬는 손길이 조심조심. 다칠세라 줄기를 살짝 눌러 자르며 열무김치를 처음으로 담그던 날을 생각한다.

그해 3월 신혼여행에서 돌아온 날. 모시고 살기로 한 시외조부님과 잠시 살림을 맡아주시던 외숙모님께 인사드리고, 짐을 정리하다 보니 해가 기울었다. 외숙모님께서는 이미 댁으로 가셨다 하니 당황했다. 하는 수 없이 혼자 저녁을 차리려고 주방에 들어서는데 대형 양푼에 수북이 담긴 것이 있었다. 그것이 절인 열무임을 용케도 알아본 순간, 더 놀랐다. 어쩌나! 한동안 멍하니 있다가 몇 년째 자취하는 동생에게 전화를 걸었다. 그날, 그 시간 이후의 일은 지금도 생각나지 않는다. 다만 며칠 후에 들르신 외숙모님께서 열무 절인 걸 깜빡 잊고 그냥 가셨다며 맛보시더니, '제법'이라 하셨다.

얼떨결에 담근 첫 열무김치와 함께 시작된 신접살림. 다행히도 새신랑은 어설픈 김치를 잘도 먹어주었다. 사실 지금도 싱싱하고 맛깔스런 김장김치를 앞에 두고도 열무김치를 찾는 사람이니! 아무튼 호된(?) 신고식을 치른 덕분인지 영 부족한 음식솜씨에 그나마 자신 있는 것이 열무김치다. 그것은 지난 33년 동안 내 식탁의 터줏대감자리를 차지하고 있다.

얼갈이와 함께 대야에 수북이 쌓인 것을 흐르는 물에 살살 흔들어 씻기를 세 차례. 여기서 거칠게 다루면 맛을 버리고, 애써 담근 김치에서 풋내가 나거나 쓴맛이 날 수 있다. 옮은 소금물을 부어준다. 배추도 길쭉길쭉 잘라 소금을 슬쩍, 뿌리는 시늉만 해두고 부추도 다듬어 씻는다.

이제 친구가 보내준 고운 보릿가루로 풀을 쑤어 식힌다. 여기에 찐 감자를 으깨 넣으면 김치의 뒷맛이 한결 산뜻해진다. 양파, 고추, 생강, 새우젓, 그리고 알맞게 식은 풀을 믹서에 넣고 갈면 빛깔 곱고 적당히 매운 양념이 만들어지는데, 오늘은 사과를 하나 보탠다. 새콤달큰한 끝 맛을 위해. 마늘과 고춧가루를 넣고 뚜껑을 덮어 잠시 숙성시키는 동안 숨죽은 푸성귀를 두어 번, 아기 다루듯 씻어 물기를 뺀다. 마지막으로 양푼에 채소를 담고 양념과 부추를 넣고 버무린다. 사푼사푼, 가볍게. 한 조각 맛본 다음, 만족한 표정으로 소형 김치통 여러 개에 나눠 담는다. 랩으로 눌러 공기를 차단하고, 뚜껑을 닫은 후 싱크대 한쪽에 나란히 세워놓는다. 작은 통을 쓰는 까닭은 먹는 도중에 맛이 변하는 걸 막기 위해서다. 오늘 같은 날씨에는 하루하고 반나절이면 익는다. 얼갈이, 배추, 열무에 갖은 양념이 어우러져 조화를 이루고 숙성되어 담박하고 시원한 김치가 된다. 조화의 맛, 숙성의 맛. 열무김치, 바로 그 맛.

열무란 '어리고 여린 무'라는 말이다. 비타민 A와 C, 각종 무기질과 식이섬유, 사포닌이 풍부하다. 눈과 모발에 좋고, 노폐물을 제거해 혈액의 산성화를 막고 혈중 콜레스테롤을 낮추며 면역력을 높인다. 풍부한 무기질이 원기를 회복시키고, 사포닌은 혈관의 탄력을 조절하니 고혈압과 저혈압에 모두 이롭다. 그래서 몸에 열이 있어 인삼을 피해야 하는 사람들에게도 좋다. 넉넉한 전분효소가 소화기능을 향상시키고 변비도 예방하고 삼복더위를 식혀준다. 그러고 보니 열무김치는 식탁 위의 보약이자 보물이다.

나란히 놓인 김치통들을 보며 생각한다. 보리밥에 비벼 먹고, 냉면에 올려 내고, 꽁치 넣고 지져 먹는 열무김치. 그 수용(收容)과 적응(適應), 자기 비움의 미덕(美德)을 음미한다. 고추와 마늘, 생강, 부추, 새우젓이 어우러져 빚어내는 조화의 깊은 맛에 감동한다.

결혼한 지 20여 일, 풋내기 신접살이 중인 딸과 사위야 저 통에 든 덕(德)을 헤아리기엔 아직 어리겠지. 그러나 먹다 보면, 또 직접 담그며 살다 보면, 언젠가 그 맛에 깃든 깊은 의미를 알게 되겠지. 그런 날이 쉬 오리라 믿으며 서둘러 김치통을 들고 집을 나선다. 바로 이웃한 딸네 집을 향하여.

(2013. 3. 『창작수필』 89호)

꽃, 비, 추억의 칸타타

– 카페버스에서

아침 일을 하는 손길이 가볍고 빠르다. 오미자로 맛을 낸 토마토 주스를 한 잔 따른다. 쌈 채소를 듬뿍 넣은 김밥에 된장국, 커피와 차를 만든 다음 설거지한다. 됐어, 부엌일은 여기까지. 방과 마루를 치우고 닦는다. 새로 핀 나팔꽃은 이미 헤아렸고. 느긋하게 다향을 즐기며 신문을 읽고 스크랩도 할 시간이지만 오늘은 생략. 약속이 있다.

가벼운 화장에 물빛 원피스, 거울 속 그녀에게 미소를 지어준다. 페퍼민트를 더한 녹차가 든 텀블러를 가방에 넣으며 확인한다. 지갑, 휴대폰, 수첩과 필기구…. 부채에 작은 우산도. 마루 가운데 서서 휘익 둘러보니 합격, 그리고 만족. 깔끔하다.

"다녀올게요."

소프라노에 비음 섞은 인사를 남기며 현관문을 연다.

"잘 다녀오슈."

묵직한 바리톤 대답이 서재에서 날아온다.

골목을 벗어나 지하철 입구에서 망설이던 발길이 횡단보도 쪽을 향한다. 잠시 후, 카페버스의 계단을 오른다. 러시아워를 막 지난 시간, 텅 빈 실내에는 약간의 땀내가 남아 있으나 그런대로 산뜻 시원하다. 동동대느라 상기된 얼굴이 식는다. 창가에 앉아 잠시 기도를 바친 그녀, 숨을 크게 들이켠다. 다시 한번 심호흡. 차분해진 눈길이 창으로 간다. 익숙한 풍경이 눈으로 마음으로 흘러든다.

플라타너스 허리까지 내려와 누워버린 하늘은 손에 잡힐 듯한데, 먹물에 취한 구름은 미동도 없다. 가져온 차를 한 모금 머금는다. 상큼하게 번지는 향, 맑아지는 눈. 조금 더 느긋이 고쳐 앉자 시선은 더욱 멀어진다. 밀려드는 상념을 따라가는데 후드득후드득, 드디어 비. 그녀, 눈이 깊어진다. 이마를 창에 붙이고 젖어가는 풍경에 빠져든다.

그녀, 일어나 카페버스를 떠난다. 꽃, 꽃들이다. 도로의 분리대를 꾸미고 가로등 기둥에 높이 걸린 꽃들. 샐비어와 베고니아, 제라늄이 화사하다. 페튜니아, 한련도 욕심껏 꽃을 내었다. 사나흘 몰아친 비바람에 다치고 꺾이고 구겨졌지만 미소만큼은 해맑다. 꽃들과 우산을 나눠 쓰고 젖은 잎을 어루만지는 눈빛이 아련해진다. 하나, 또 하나…. 추억들이다.

그래, 꽃대롱을 물고 있었지. 대청소를 마치고 급우들과 달콤한 샐비어 수액을 쪽쪽거리는 중이었다.

"너희 엄마, 또 아들 낳았대!"

어디서 들었는지 친구가 뛰어오며 소리쳤다. 창턱에 올려두었던 책가방을 찾아 들고 새빨간 꽃밭 쪽을 흘깃거리고는 달리기 시작했다. 중학교 2학년 그녀, 여동생 넷에 남동생 둘, 칠 남매의 장녀가 되었다는 이야기다. 하하, 마냥 귀엽던 응석받이 막내는 허리 두툼한 중년 가장이 되었고, 늦둥이를 안고 행복하던 여인, 우리들의 모친은 어느덧 여든 수를 헤아리신다. 빨갛게 핀 샐비어를 바라보는 큰딸의 바람은 그저 건강, 엄마의 건강뿐이다.

베고니아. 풋풋하던 시절에 열독하던 소설에 등장하던 꽃. 애틋한 연정을 품은 소녀가 뜨거운 태양 아래, 빨간 베고니아 꽃을 바라보거나 배경으로 하여 걸어갔다. 그 풋풋한 사랑의 운명보다 왜 하필 베고니아가 그런 장면에 등장하는지가 더 궁금했으니, 꽃에 대한 관심이 그때에도 유난했던가. '짝사랑, 부조화'라는 꽃말이 어울리지 않는 꽃, 생기발랄한 베고니아가 베란다를 가득 채우던 때도 있었다. 하지만 사랑은 변덕스러운 것, 그 자리를 제라늄이 차지한 지 오래다. 그래도 베고니아, 넌 여전히 귀엽고 사랑스럽다.

화사하고 탐스러운 제라늄은 엄마가 예뻐하시는 꽃이다. 그녀, 실물보다는 달력 사진 속 그를 더 좋아했다. 아니 부러워했다. 이끼 덮인 고풍스런 담장 너머 오래된 카페. 그 창가 토분 속 제라늄이 되고 싶었다. 꽃이 바라보는 풍경을 동경했다. 훗날 그 풍경 속을 걷게 될 줄은 꿈에도 몰랐다. 지금은 그 풍경을 추억하며 꽃을 가꾼다. 개척자들이 영국을 떠나 신천지로 향할 때 가져갔다 하여 위안, 정착이라는 뜻을 얻은 꽃. 그러나 그녀의 뜰을 가득 채운 지금, 꽃들은 끝없는 동경을 불러온다. 제 태어난 고향을 그리는가. 오늘도 제라늄은 긴 목을 곧추세우고 송이송이 그리움을 피워 올린다.

고향집 뒤뜰 장독대 아래, 시멘트 블록으로 경계 지은 할머니의 작은 꽃밭. 감나무 쪽으로 호박과 여주 넝쿨, 나팔꽃이 줄을 타고 가지랑 고추, 상추 몇 포기. 그 옆에는 달리아, 당아욱도 피었다. 블록 속에도 흙을 넣고 색색의 채송화와 한련을 가꾸셨다.

한련 열매는 약이 된다며 꽃을 만지지도 못하게 하셨다. 하지만 기어이 꽃을 따고 말려, 크리스마스카드에 예쁘게 붙이고야 말았지. 연달아 태어나는 손녀들이 달갑지 않아 '요(要)짧은 것들'이라 부르셨지만, 가끔은 그녀 손에 곶감이나 사탕을 쥐어주셨다. 모두 열다섯이나 되는 손녀들 중에 첫째였던 덕이던가, 비밀스레 나눈 조손지정이 한여름 땅 위의 연꽃, 한련 잎에 어룽지며 그립다.

갓 결혼한 풋내기 주부 시절 장독대에 올라갔다 눈이 마주친 옆집 새댁. 고향을 멀리 둔 두 여인은 빠르게 친해졌다. 동갑내기 아이들도 함께 돌보며 자매처럼 정다웠다. J는 제법 너른 뜰에 페튜니아를 가득 심었고, 우리는 봄부터 가을까지 상큼한 꽃을 함께 즐겼다.

해마다 이맘때, 조롱박과 수세미 우거지고 꽃 만발하면 아이들은 미니 풀에서 텀벙텀벙 신났고, 엄마들은 망중한을 즐겼지. 입가에 절로 떠오르는 미소, 참으로 화사한 날들이었지. 거대도시를 갑갑해하던 그녀에게 "서울, 아니 대한민국을 내 집 마당이라 생각하며 살아요, 우리."라 말하던 J의 명랑한 목소리가 그립다. 그가 말한 넓고도 큰 뜨락, 이 아름다운 서울 거리를 함께 걷고프다. 오늘, 지금.

비가 그친다. 우산을 접고 꽃들과 헤어져 다시 카페로. 북적이는 사람들 사이를 비집고 그녀, 창가로 간다. 생각을 따라가는 눈길로 날아드는 잠자리가 하나, 두울, 셋…, 비 그친 하늘을 스쳐간다. 신호등 위에는 비둘기 한 쌍이 다정하게 부비부비. 흠, 19금 풍경이다. 로터리 화단에 금잔화, 백일홍, 맨드라미가 웃고 있는데 사람들은 그저 바쁜가 보다. 높고 낮은 빌딩들도 웅크린 채 젖은 몸을 말리고…, 그런저런 도시의 모습을 창에 그리며 '카페버스'는 달린다.

카페버스? 달리는 카페, 카페버스. 본명은 시내버스다. 거리를 달리는 초록, 파랑의 버스. 그녀가 오르는 순간 그것은 아늑한 카페가 된다. 그래서 그녀, 그것을 카페버스라 부른다. 달리는 카페, 멋진 장식도 대단한 서비스도 없으나 꽃, 비, 추억을 부르는 칸타타가 흐르는 그곳에서 쉬고 생각하고 책 읽고 추억을 줍는다.

카페버스. 커피 없고 조각케이크 없음. 다만 창에 그려내는 대형 그림은 친근함. 그 소소한 일상을 풍경화로 걸어놓고 휴식과 사색을 주는 카페버스를 즐겨 찾는다. 마침내 목적지의 풍경이 창에 걸리니. 카페를 떠날 시간이다. 그녀를 내려놓고 다시 내달리는 버스를 눈으로 좇다 돌아선 그녀, 걸음이 가볍다.

저기 말이죠, 혹시 내일이나 모레쯤 우리, 카페버스에서 만날 수 있을까요?

(2013. 7.『창작수필』90호)

채송화랑 고구마랑

이른 저녁을 지어 먹고도 서두른다. 땀에 젖은 민소매 셔츠에 낡은 반바지, 입은 그대로 집을 나선다. 귀갓길에 지나쳤던 장면이 눈앞에 어른댄다. 급하게 우회전, 아파트 쪽문 쪽으로 종종걸음이다. 해가 넘어가기 전에 확인해야 해. 무사할까, 다치진 않았을까? 모퉁이 저만큼에 화분이 보인다.

큰길로 이어지는 골목에 직경 1미터쯤 되는 커다란 칸나 꽃화분이 몇 개 있다. 작년 여름, 칸나 꽃 발치에서 배시시 웃는 채송화 몇 송이와 눈이 마주쳤다. 어찌나 귀엽던지! 그 앞을 지날 때마다 누군지 모르지만 채송화를 심은 분, 감사하다, 축복 받으시라고 뇌며 허리를 접고 들여다보았다. 채송화는 귀여운 꽃을 내다가 가을과 함께 스러졌다. 마음속 서운함을 밀어내며 내년을 기대했다.

올봄, 유난히 혹독했던 추위에 뿌리가 얼었는지 칸나는 없어지고 채송화가 화분마다 겨우 서너 개씩 싹트더니, 긴 가뭄에 시달리느라 겨우 목숨만 붙어 있었다. 그런데 어느 날 그 옆에 웬 덩굴식물이 무성하게 뻗고 있어 살펴보니 고구마다. 누가 심었을까! 고구마 때문에 저 가련한 채송화가 더 못 자란다 생각하니 애가 탔다.

마침내 장대비가 퍼붓고 지나간 오후다. 꽃삽을 들고 나가 채송화 줄기를 몇 개 꺾어 그 옆에 꽂고 흙을 다져주었더니 밀린 숙제를 한 것처럼 개운했다. 그 후로 해거름이면 찾아가 웃자란 줄기를 톡톡 꺾어 심었다. 해보면 안다, 그 쏠쏠한 재미를.

어느 날, 가끔 화분 건너편에 앉아 채소를 파시는 아주머니들 중 한 분이 나를 말렸다.

"고구마가 못 자라요오. 먹지도 못하는 걸 괜히 쓸데없이…."

어쩌지…, 난처한 참에 마침 지나가던 분이 내 편을 들어주셨다.

"꽃을 보려고 둔 화분이 아닌가요?"

며칠 후 다시 마주친 고구마 주인이 "꽃을 참말로 좋아하나 보네요오." 하며 먼저 말을 걸기에 나도 싱긋 웃어주었다. '그렇고말고요. 그리고 맘속 꽃밭에 별 같은 꽃 몇 송이 피어 있지 않은 사람, 없을 거예요오. 그리고 쬐끄만 이 꽃이 염증약이나 살충제로 쓰이기도 한다고요오오.' 속으로 그분 말씨를 따라 해보며 채송화를 돌봤다.

지나가던 아주머니 한 분이 꺾꽂이로 꽃을 늘리는 줄 몰랐다며 감탄하더니 직접 해보며 즐거워했다. 한 신사분은 다른 색은 집에 있으니 빨간 걸로 몇 개만 나눠주겠느냐 청하기도 했다. 자칭 '채송화 돌보미'의 자격으로 작은 선심도 쓰고 기르는 법도 알려주고, 채송화는 고구마가 차지하고 남은 자리를 채우며 자라, 작은 보석을 뿌린 듯 꽃피니 나비도 벌도 찾아들었다.

그런데 오늘 오후, 골목에 들어서는데 그 아주머니들이 화분 옆에 앉아서 고구마 줄기를 다듬는 게 아닌가. 응? 깜짝 놀라 다가가다가 멈칫하며 발길을 돌렸다. 그러나 안절부절, 채송화도 뽑혔을까 속이 타서 결국은 서둘러 차린 저녁도 먹는 둥 마는 둥 내달릴 수밖에.

꽃은 무사했다. 고구마 덩굴만 야무지게 걷어 가신 아주머니, 그분도 꽃과 마주하다 보니 정이 드셨던가 보다. 내일 필 꽃봉오리를 살피는데, "뭐 할라꼬 그걸 다 챙긴대요오? 그냥 버려뿌리지." 아주머니들의 대화가 다시 들려온다.

"소 갖다 줄라꼬요. 요것이 소한테는 이밥이라고요오."

줄기를 다듬고 나서 잎까지 챙기던 고구마 주인의 말씀이다. 소에게 맛난 것 주고픈 마음이었다니! 머쓱하기도 하고 오가는 길에 죄 없는 덩굴에게 눈총 준 게 민망해 달아나버렸던 거다.

채송화랑 고구마랑 정답게 지낸다 여겼으면 좋았을 걸. 누가 주인이고 누가 객이랴, 어울려 살다 보면 정들고 서로에게 소중한 존재가 됨을 잊고 있었다. 서로 다툰다 함은 어리석고 속 좁은 생각이었으니, 어쩌면 채송화는 가고 없는 고구마가 그리울지도 모르겠다.

그 둘은 200여 년 전, 비슷한 때에 이 땅에 이주한 남아메리카의 식물들이 아닌가. 그들은 우연히 만나 서로 의지하며 지낸 고향 친구였다. 그러니 고구마가 사라진 자리가 휑하고 쓸쓸해 보여 화분 곁을 지키고 섰다. 자꾸 작아지고 초라해지는 내 마음을 아는지 모르는지, 전생이 영롱한 보석이라는 채송화는 조그만 입을 앙다문 채 고요할 뿐이다.

깊어가는 어둠 속에서 차분차분 가슴을 채우는 따듯한 기운, 그것은 서글서글한 고구마 주인의 마음씨, 그리고 모든 것을 말없이 안아준 화분의 너그러움이겠다. 쌈 채소에 호박, 오이, 가지, 파…, 강낭콩까지 텃밭의 소출을 들고 나와 저물도록 골목을 지키던 눈에, 채송화 몇 줄기가 오도카니 얹힌 화분이 아까운 공지로 보였겠지. 한 뼘 땅도 아까운 이의 눈에는 먹지도 못할 꽃에 집착한 내 모습이 나이 헛먹은 철부지로 비쳤을지도 모를 일이고.

자꾸 주눅 드는 마음을 추스른다. 채송화를 가꿔 오가는 이들에게 기쁨을 주려는 생각이나 빈자리에 고구마를 심어 키우는 소에게 간식을 먹인 마음이나, 그 뿌리는 소박한 정 아니겠는가. 그러니 두 마음의 근본은 따스하고 알뜰한 인정이고. 그러니 꽃만 사랑할 게 아니라 작은 수확의 기쁨을 누리는 저 생활인의 자세도 닮아야 하겠다. 또 꽃밭도 텃밭도 되어준 저 화분, 아니 흙의 너그러움도 배워 크고 넓게 포용하는 마음을 가져보리라. 잠든 꽃을 쓰다듬으며 다짐하는데 문득 골목이 환해지는 듯하다.

싱싱한 채소도 팔아드리고 모아둔 비닐봉투도 갖다 드리며 조금씩 가까워지는 골목의 아주머니들께 다음에는 시원한 화채라도 대접해야겠다.

(2013. 8.『창작수필』91호)

다시 거울 앞에 서서

주일을 지키는 것 외엔 매일기도도 건너뛰는 날이 늘고 있다. 기도 빚 갚는다고 묵주를 쥐고 살지만 응답이 늦다며 허기지고, 어수선한 세상사에 마음 산란하여 고해소를 찾았다.

'우리는 이렇게 부족하기 때문에 하느님의 은총을 청하며 산다.'시는 신부님의 조곤조곤한 목소리가 가슴에 울렸다.

초심으로 돌아가야겠다 싶어 낡은 성경책을 꺼내 넘기다 보니 사무엘 하권 중간쯤에 책갈피가 꽂혀 있다. 통독한다고 읽다가 여기서 멈추었다는 뜻이다. 사실 오래전 기도조차 할 수 없는 상황에서 성경을 읽으며 큰 위로를 받았고 그때 성경 읽기만 한 기도가 없다고 생각했다. 그 후로 새해를 맞이할 때마다 성경 통독을 시작하지만 중도에 흐지부지, 완독은 겨우 두 번뿐이다. 생활에 떠밀려, 그저 바쁘다는 핑계에….

책을 읽지 않으면 입에 가시가 돋는다고 하는데, 성경을 읽지 않으면 마음에 가시가 돋고 영혼은 가시덤불에 갇히는 것 같다. 그러므로 오늘 다시 성경을 읽기로 한다. 내 안의 가시인 의혹과 불신, 욕심과 다툼, 절망과 분노를 버리고, 나태의 덤불에서 벗어나기 위해 잠시의 침묵으로 마음을 가다듬고, 첫 장을 편다.

> 한처음에 하느님께서 하늘과 땅을 창조하셨다. 땅은 아직 꼴을 갖추지 못하고 비어 있었는데, 어둠이 심연을 덮고 하느님의 영이 그 물 위를 감돌고 있었다. 하느님께서 말씀하시기를 "빛이 생겨라." 하시자 빛이 생겼다.(창세기 1,1-3)

이 말씀은 성경의 첫머리이자, 창조의 서막 부분이다. 읽고 또 읽어도 장엄하다. 언제든 새로운 감격이 가슴에 출렁인다. 성경 읽기, 그것은 주님 앞에 나를 낮추는 일이다. 주님 앞에 꿇어앉는 것, '이제는 돌아와 거울 앞에 선 누이'처럼 먼 길에서 돌아오는 것이다. 긴 그림자를 끌고 온 이 자리는 바로 내가 떠났던 출발점이다. 기쁘게 따르기로 한 옛 맹세는 얼마나 서툴고 맹랑했던가. 내놓을 것이라곤 빈손과 그늘진 마음뿐이지만, 부끄러움을 무릅쓴다. 그럼에도 불구하고 나를 사랑하신다는 믿음 하나로….

성경은 어렵다. 가장 많은 사람이 읽었고 또 읽을 믿음의 역사책, 끊임없이 영감을 주지만 읽기도 이해하기도 쉽지 않다. 잡념이 들고 꾀가 나 자꾸 중단하게 된다. 그러나 '성경을 모른다는 것은 그리스도를 모르는 것이다.'라는 예로니모 성인의 가르침을 채찍 삼는다. 믿음은 말씀을 듣는 가운데 자라난다 했으니 마음 기울여 맛들이자. 깊이 묵상하자.

"당신 걱정은 안 해, 저기 저분이 계시니까."

꼭 20년 전, 생과 사의 갈림길에서 모처럼 맑은 정신이 든 내편이 십자고상을 가리키며 한 말이다. 성경을 읽고 있는 나를 자주 보았던 까닭이다. 그때 나는 말씀을 읽고 쓰고 곱씹었다. 힘든 고비마다 웃으며 넘길 수 있었던 것은 성경 말씀 덕분이었다. 온전히….

창조의 엿샛날에 주님께서는 손수 만드신 모든 것을 보시고 '참 좋았다(창세1,31)'고 하셨다. 말씀을 익히며 살다가 생의 마지막 엿샛날에 이르러 나 또한 좋았다고 말하고 싶다. 이 희망이 한갓 허무한 욕심이 아니기를! 내 영혼, 비록 얼룩지고 흉터투성이지만 굽은 길 돌고 돌아 말씀의 거울 앞에 도착하였으니, 주님께서 앞날의 여정을 주관하시리라 믿는다. 그분은 나의 반석, 나의 산성이시므로.

주님, 심연을 건너 빛으로 나아가는 이 시간을 봉헌합니다. 부디 깨닫게 하소서, 주님의 길을 따르게 하소서. 아멘.

(2013. 9.『창작수필』 115호)

아, 겨울 대구

오, 저럴 수가! TV 뉴스를 보다가 눈이 커다래졌다.

대량으로 잡힌 대구가 두세 마리씩 상자에 담겨 서해안의 선착장에서 트럭으로 옮겨지는 장면이다. 실하고 커다란 대구, 언제부터 서해 대구가 저리 컸나. 대구라면 동해랑 남해인데…. 하다가 싱싱한 잿빛 눈이 클로즈업되는 순간, 화면 위에 겹쳐지는 얼굴 하나. 아버지, 그리운 아버지다.

내 고향은 동해안의 소도시 삼척. 하루도 빠짐없이 싱싱한 생선이 밥상에 올랐다. 구이로 조림으로, 찜, 탕, 찌개로. 또 제철에 말려두었다가 제사상에도 올렸다. 해마다 이맘때 바다 날씨 좋은 날이면 아버지는 새벽 어시장을 찾으셔 대구와 명태, 송어, 가자미를 몇 상자씩 사서 앞마당 수돗간에 쌓아놓으셨다. 조반을 드신 후에 소매를 걷어 올리셨다.

아버지가 커다란 물고기를 척척 손질하시는 솜씨는 가히 예술이었다. 그 모습에 홀려 추운 것도 잊고 구경하다가, 수신호에 따라 펌프질을 했다. 차가운 수돗물 대신 땅속에서 솟구쳐 콸콸 쏟아지는, 김이 모락모락 피어오르는 지하수로 생선을 씻고 내장은 종류별로 그릇에 담으셨다. 손질한 물고기에 소금을 뿌린 다음 대나무 꼬챙이로 고정하여 짚을 꼬아 만든 끈으로 아가미를 꿰어 엮으신다.

큰 생선은 별채 옥상 튼튼한 빨랫줄에 나란히 걸고 작은 것들은 뒤뜰 감나무에 매달면 작업이 끝난다. 펌프에서 쏟아지는 물은 따뜻하지만 아버지의 손과 팔은 빨갛게 얼어버린 지 오래다. 손 시리다는 말씀은 없었지만 지키고 선 내 마음은 꽁꽁 얼어들었다. 아버지는 수돗간을 깨끗이 치운 후에야 환히 웃으시며 수건을 건네받으셨다.

이제 엄마 차례. 명태알과 아가미로 젓갈을 담그신다. 대구알은 계란찜에 넣거나 채반에 담아 꾸덕꾸덕 말린 다음 쪄서 간식으로 주셨는데 겨울 별미다. 남은 것들을 조리해 저녁상에 올렸으니, 여느 날보다 밥상이 풍요로웠다. 끼니마다 생선을 먹고 자랐기에 지금도 밥상에 해산물이 없으면 서운하다. 매운 것을 잘 못 먹는 나는 맑은 대구탕을 좋아했다.

한겨울 산란기가 제철인 대구. 이리를 넣고 끓이면 국물이 뽀얘지고 맛도 한결 나아서 수컷이 더 대접받는다. 멸치와 새우, 다시마를 우린 물에 무를 툭툭 썰어 넣고 마늘, 고추와 함께 끓여낸 국물이며 포슬포슬한 속살…. 아, 입맛이 절로 다셔진다. 야들야들한 촉감에 혀 위에서 사르르 녹는 이리, 연갈색 고소한 간, 향긋한 미나리에 달착지근한 파 고명…. 또 입맛을 다시는데 쫄깃한 눈과 부드럽고 고소한 알을 서로 먹으려고 동생들과 다투던 일이 어제만 같다.

가끔 뜨끈한 것이 생각날 때 접하는 동네 식당의 냉동 대구탕은 대구 본래의 부드러운 맛을 아주 잃었다. 잘 먹고도 찜찜하다. 그래서 손질된 생 대구를 사다가 끓여보지만 고유한 맛을 느끼기가 쉽지 않다. 솜씨가 없다는 고백은 절대 못 하고 신선도가 떨어져 그렇다고 우긴다. 명태를 얼린 동태는 그럭저럭 괜찮은데 대구는 역시 갓 잡은 것이 제격이다.

연전에 진해에 살던 남동생이 누이들 맛보라며 싱싱한 거제도 대구를 고속버스 편으로 보내왔다. 나에게도 커다란 두 마리가 배당되어 직접 다듬게 되었다. 김장용 큰 도마를 채우고도 넘치는 녀석들의 위용이라니! 처음 해보는 대어 손질에 겁이 나 주저했지만 도와줄 사람 없으니 에잇! 용기를 내 기세좋게 만지기 시작했다.

그러나 무모하기 짝 없는 도전이었다. 눈으로만 익혔던 아버지의 솜씨를 흉내 내다가 사투를 벌였으니, 크고 단단한 뼈를 감당치 못했던 것. 알은 터지고 단면도 울퉁불퉁, 씨름 끝에 생선도 나도 후줄근해지고 말았다. 그래도 끓여놓으니 제법 시원하고 혀에 감겨들었다. 돌아가신 아버지 생각을 엄청 하며 먹었다.

고향 바다, 그 차고 짙푸른 물에 살던 입 큰 물고기가 조류를 따라 잠시 놀러 갔던 서해에 그대로 눌러앉았다. 그런데 난류에 살다 보니 크게 자라지는 못했다는데, 최근 씨알이 굵어졌다. 더구나 올해에는 대구가 서해에서 가장 많이 잡힌단다. 이렇게 주산지가 바뀐 것은 온난화 때문으로 서해에 냉수대가 확장되어 그렇다 하니 새로운 현상, 변화에 고개를 주억거릴밖에.

동해산이 제일이라 자부했던 마음을 바꾸라고, 서해안 대구를 먹으라고 뉴스는 권한다. 동해 대구를 먹고 자란 입맛을 이제는 바꿔야 하나, 그래야 하나. 서운하지만 동해에선 명태도 오징어도 사라지고 있다니 대구라고 별수 있으랴. 생각해보니 서해 대구와 친해져서 나쁠 것도 없지 싶다. 다만 사라져가는 고향의 맛이 안타깝고, 내 정체성 중 하나를 잃은 것만 같아 허전하다.

기억에 깊숙하고 오래 저장되는 건 크고 대단한 일이 아니라 작고 소박한 일상이라 했던가. 오늘, 지금, 대구를 매만지시던 아버지의 빠알간 손이 마음에 바람을 일으키고 있다. 이 바람을 따라가서 펌프질도 하고, 시큼한 김치를 얹어 대구지리 한 그릇 뚝딱하고 싶다. 아무래도 그래야겠다. 그렇지 않고서야 겨울 동해, 그 청량한 바다로 내달리는 심사를 어찌 달래겠는가.

아, 그리운 아버지, 그리고 겨울 대구여!

(2013. 12. 『창작수필』 92호)

2

선물 같은 하루

등나무 그늘 아래에 마주 앉는다. 아아, 푸른 하늘에 뜬 상현달, 팔을 뻗으면 잡힐 듯 가깝다. 그대도 그를 반겨 찾아왔는가. 혹은 우연한 조우인가. 아무려나, 달빛 받으며 천천히 꽃무늬 식탁보를 펼친다.

오늘 다시 누리게 된 소박한 만찬, 작지만 소중한 행복이다. 소소하고 소중한 우리의 일상. 그래, 바로 이거야.

다시 일상으로

- 소소하고 소중한

지하철을 내려 2번 출구 쪽으로 나와 좌회전한다. 긴 무빙워크 위를 사뿐사뿐 걸어준 다음, 이어지는 에스컬레이터에 올라선다. 다시 지상으로, 다시 일상으로. 그래, 이거야. 상큼한 초저녁 바람이 코끝을 스치더니 진분홍 무궁화가 활짝 웃는다. 그새 꽃을 많이도 늘였구나! 칭찬하며 찰칵, 한 컷. 더욱 예뻐지라고 한마디 하고 나서 자, 출발!

화강암이 근사하게 깔린 뜰을 지나 조붓한 숲길로 들어선다. 눈을 채워오는 과수나무 몇 그루. 몸피 키우기에 바쁜 연록빛 모과 곁에 익어가는 살구 빛깔이 곱다. 가지가 휘도록 많이도 달렸다. 새들이 맛만 보고 버린 낙과를 주워 코에 대본다. 제법 새큼달큼한 향기에 둥둥둥, 마음이 사뿐해진다. 그럼, 바로 이거지.

작은 과수원을 벗어나 연못 곁을 지나가며 뒤를 돌아다본다. 저만치에 그가 천천히 걷고 있다. 퇴원한 지 사흘째, 걸음이 힘없고 느리다. 남편, 아니, 내편이다. 석조 정원과 종각의 갈림길까지 가서 다시 돌아보니 음, 오십 보쯤. 두 손을 들어 흔드니 한 손을 흔들어준다. 굿, 좋아. 조금 빠르게 다시 걷는다.

천년 고탑(古塔)들에게 경의를 표하고 주변을 둘러본다. 한바탕 피었던 인동꽃은 다 떨어지고 새로 만든 꽃분홍의 봉오리들이 산뜻하다. 여름 내내 그 향기를 즐겨주라. 크고 작은 브로치 모양의 흰 꽃무리가 조용히 탑들을 우러르고 있으니 그 이름이 갯기름나물. 이 겸손하고 매력적인 꽃을 하나씩 포장해, 내 좋은 사람들에게 선물하고 싶다. 카톡에 올리려고 열심히 카메라 마사지를 해준다. 자, 마사지 받고 더 우아해지라 덕담하며 다시 스무 걸음쯤. 매의 눈길에 잡힌 것은 한들거리는 꼬리조팝꽃이다. 긴 겨울 매서운 강바람을 이기고 여린 가지 끝에 핀 탐스러운 분홍 꽃. 그것은 승리의 깃발이다. 너는 어쩌면, 어쩌면 이다지도 사랑스러우냐. 찰칵, 또 찰칵, 오래 기억하겠다는 인사다. 그래, 이거야.

어느새 내 곁에 다가서는 내편과 눈을 마주친다. 흠, 안색은 괜찮네. 손잡고 천천히 걸어서 미르폭포로. 하나뿐인 벤치는 젊은 연인들에게 양보하고 물그림자 시원하게 늘어뜨린 산사나무 등을 툭툭 쳐주고는 오솔길로 접어든다.

공원을 한 바퀴 돌고 싶다는 그의 말에, 7시쯤 거울정원에 만나기로 하고 다시 속력을 낸다. 성큼성큼 걸어서 버들못으로. 그새 수련과 창포는 모두 사라지고, 대신 못가에 독일붓꽃이 화사하다. 색색의 꽃 옆에서 포즈를 취하는 젊은이들을 바라보는 것도 즐겁다. 또 카메라 모드. 그래, 이거야. 앵글 속의 풍경에서 푸른 물이 뚝뚝, 싱싱하다. 그래 이거야.

잔디밭에서 네잎클로버를 한 움큼 찾아 들고 걸으며 마주치는 이들에게 나눠준다. 벤치의 노부인, 나란히 걷는 중년 부부, 길게 누워 책을 읽는 낭만파 숙녀와 제 유모차를 밀며 뒤뚱거리는 꼬마 아가씨에게도. 기뻐하는 모습에 나도 같이 함박웃음이다. 올망졸망한 세 아이의 엄마에게는 네 개를 주었다. 그녀, 꼬마들을 불러 모으는데 어머나, 하이 소프라노다.

"이것 좀 봐. 전에 엄마가 얘기했지? 잎이 네 장 달린 클로버가 있다고. 여기 네 잎도 있고 다섯 잎도 있네!"

아이들 눈이 반짝반짝. 그래, 이거야. 참 좋다.

작은 언덕을 넘으며 백합나무를 쳐다보니, 아직도 묘한 연두색 꽃봉오리가 몇 개 남아 있다. 멋진 꽃나무다. 잘생긴 밤나무를 쓰윽 지나면 커다란 뽕나무가 반겨준다. 잔뜩 떨어뜨린 새까만 오디를 차마 밟을 수 없어 까치발로 살금살금 내딛다 보면 야영장, 시야가 탁 트인다. 해먹을 걸어놓고 사용법을 가르치고 배우는 부자의 실랑이가 정겹다. 넓은 사각의 트랙을 오늘은 두 바퀴만 돌자. 6월 중순, 바람 산들거리는 해거름인데도 금방 땀이 쏟아진다. 하지만 가슴속까지 후련한 느낌이 좋다. 그래, 이 기분, 바로 이거지.

지나간 며칠이 아득한 옛날 같기도 하고 꿈인 것만 같다. 주일 저녁, 그 사람의 갑작스런 가슴 통증. 극심한 고통을 호소하다가 저녁 먹은 것을 다 토했다. 그런 후에 고통은 서서히 가라앉았고 괜찮다 해서 병원 가려고 멨던 배낭을 내려놓았다. 다음 날, 온종일 식사는 흰죽에 참기름과 새우젓이었고 저녁나절에 한 시간 정도 산책했다. 걷는 동안 유난히 힘들어했다. 화요일 오전, 괜찮은 것 같다며 아령 운동을 하던 중 다시 날카로운 통증을 호소했다. 번쩍번쩍, 내 머리로, 가슴 어딘가로 번개가 지나갔다.

달려간 응급실에서 한 초음파검사. 컴퓨터 화면에 꽉 막힌 관상동맥이 떴다. 촌음을 아끼는 의료진에게 그를 맡기고 쫓기듯 대기실로. 가슴에 두 손을 모으고 '나의 주님, 우리 주님'만을 찾았다. 너무 늦은 것이 아니기를 간절히 바랐다. 그리고 40분 예정인데 90분 만에야 수술이 끝났다. 창백한 얼굴로 나를 향해 웃는 그를 보고서야 졸아들었던 마음이 펴졌다. 나흘 후에 사뿐히 퇴원했다.

그 사람이 이 뜰을 걷고 있다. 회복이다. 자연스러운, 당연하던 일상으로의 복귀다. 아직은 힘도 부족하고 걸음도 느리고,

항시 비상약을 챙겨야 하지만, 함께 헤쳐가야 할 길이 멀고 힘들겠지만, 다시 누리는 오늘이 그저 감사하다. 감격스럽다. 일상의 산책, 그것은 눈물 나도록 소중하다.

걸음을 재촉하여 식물원으로. 나른나른 졸고 있는 고삼, 소리쟁이, 미나리아재비들을 깨운다. 해당화, 찔레들을 향해 카메라 셔터를 누르며 속삭인다. '그대들도 알고 있겠지, 그가 돌아온 것을?' 아담한 뜰을 돌아 종종걸음을 치는데, 리듬을 맞추듯 들리는 경쾌한 휘파람 소리, 그의 전화다.

약속 시간 5분 전이라며 뒤쪽을 보란다. 고개를 돌리니 저만치에 손 흔들며 오는 그, 걸음에 힘이 실렸는지, 조금 빨라진 것도 같다. 나도 손을 번쩍 들어주고 나서 등의 배낭을 추스른다. 오색 채소로 꾸민 저녁 도시락이 배낭 속에서 흔들리며 존재감을 드러낸다. 머잖아 다시 그이가 도시락 배낭을 메게 될 거라 생각하며 나란히 걷는다. 그래, 이거야. 좋다, 좋아!

등나무 아래에 마주 앉는다. 아아, 푸른 하늘에 뜬 상현달, 팔을 뻗으면 잡힐 듯 가깝다. 그대도 그를 반겨 찾아왔는가. 혹은 우연한 조우인가. 아무려나, 달빛 받으며 천천히 꽃무늬 식탁보를 펼친다.

오늘 다시 누리게 된 소박한 만찬, 작지만 소중한 행복이다. 소소하고 소중한 우리의 일상. 그래, 바로 이거야.

(2014. 6. 『창작수필』 93호)

그러므로 화기만당(和氣滿堂)

심호흡하고 손목에서 힘을 빼고 천천히 한 획, 또 한 획. 좋아, 괜찮다. 다음 글자도 반듯하게. 아차, 틀렸다. 정성을 쏟건만 여전히 비뚤고 모양새도 흐트러진다. 자, 다시 도전. 마음을 차분히 하고 손을 움직이건만 또 흔들리고 말았다. 벌써 한 달째, 비록 제대로 된 붓도 아닌 필기도구, 붓펜을 잡고 써보는데 언제쯤에나 반듯한 네 글자를 얻을 수 있을는지. '和氣滿堂', 아름다운 글귀가 그 뜻만큼 화기애애하게 써지지 않는다.

아침 신문의 짧은 칼럼은 가훈을 써 오라는 자녀의 숙제에 대한 소회였다. 젊은 엄마는 고민 끝에 '즐겁게'라고 써 보냈단다. 무엇을 하든 즐거운 마음으로 살아가면 좋을 것 같아서라며. 좋았다. 지혜롭기도 하지! 갑자기 아주 멀리 사라졌던 기억 하나가 또렷해졌다. 그래, 가훈을 써서 보냈지. 그 생각을 하자니 까르르, 밝은 웃음소리가 귓가에 먼저 쏟아진다.

그랬다. 저녁에 막내의 숙제를 돕자며 네 식구가 머리를 맞대자마자, 가장이 큰 소리로 운을 떼었다. 아니, 단정 지어 말했다. "가훈, 그건 바로 '건강, 돈, 사랑'이야. 완벽하지?" 돈이며 사랑이라는 말에 깔깔대는 딸들. 초등학교 6학년과 3학년, 한창 그럴 나이다. 따라 웃었지만 그것이 자신의 생활신조라는 말에 당황했다.

그랬다니! 만나 사귀고 결혼하며 함께한 날들이 15, 6년. 그간에 짐작도 못 했던 그 사람의 내적 단면이었다. 현실적이다 못해 세속적인 인생관에 질겁했다면 과장일까. 아우, 싫어라! 고개를 흔드는 아내의 반응에는 아랑곳없었다. 건강해야 돈을 벌 수 있고, 그래야 사랑도 이루고 가족을 지킬 수 있단다. 놀란 마음 눌러가며 듣다 보니 한 가정의 가장의 입장으로는 지극히 당연하지 않은가. 돌연 그의 어깨가 넓어졌다. 내 눈에 그래 보였다.

그래도 그건 아니지. 반듯하고 모범적이어야지, 한 가정, 우리 가족의 교훈이니까. 사전에도 나와 있듯이 가훈은 '집안의 어른이 자녀에게 주는 교훈이며, 선대로부터 전해오는 그 집안의 도덕적 실천덕목'이다. 논란 끝에 거실 벽에 걸려 있던 액자 속의 글귀로 낙찰하고 숙제를 마쳤다. 그것이 바로 '和氣滿堂',

화목한 기운이 온 집안에 넘치기를 바란다는 뜻이니 만족스러웠다. 그러나 그뿐, 우리는 그 일을 잊었다.

화기만당 액자는 신혼 시절에 시어머님이 주신 선물이었다. 한 아름이 넘도록 큰 액자를 거실에 걸어두고 새댁은 하루에도 몇 번씩 그것과 마주했다. 선이 굵고 힘이 넘치는 글자를 감탄하며 바라보고 소리 내 읽고 해석도 곁들이며 나름 즐거운 시간을 가졌다. 즐겨 암송하던 성 프란체스코의 기도문과 뜻이 통한다 생각하여 소중히 여겼다. 그러다 가랑비에 옷 젖듯이 자연스레 삶의 모토가 되었던가. 우리 부부가 천생연분이라는 말을 들으며 무난히 사는 게 그 덕분인지도 모르겠다.

정말 그렇다면 아무래도 큰 실수를 했지 싶다. 30년 넘은 세월을 함께하며 낡아버린 그 액자를 아주 떠나보냈으니 말이다. 이사할 때마다 버리자는 가장의 성화를 못 들은 체하며 데리고 다녔는데, 먼젓번 이사 후에 걸어둘 곳이 마땅찮았다. 하여, 베란다 창가에 두고 가끔 먼지를 닦아주었다. 그러나 두 해 전 짐을 더욱 단출하게 꾸려 옮기며 미련을 접고 말았다.

그것일까, 그 네 글자를 쓰고 또 쓰는 까닭이. 여전히 못난이가 되고 만 글자들이 살갑게 다가들며 접었던 마음이 되살아났다. 처음엔 이면지에 끼적여보다가 성에 차지 않아 옥편을 펼쳤다. 글자의 모양과 틀, 분위기를 꼼꼼히 살펴본 다음, 연

습장을 새로 마련해 쓰고 또 써본다. 도무지 나아지진 않아도 재미나는 소일거리, 딱 내 스타일의 놀이다.

쉽게 그만두지 못하는 이유는 또 있으니, 비뚤고 흐트러져 어쭙잖은 필력이나마 자꾸 쓰다 보니 마음이 차분해지는 것이 아닌가. 그 맑은 고요를 즐기던 어느 순간이다. "잘 쓴 글이니 걸어두면 좋겠다." 하시며 액자를 건네주시던 말씀의 참뜻을 깨달은 것이. 아아, 나는 참으로 눈치 없는 며느리였다. 그래서 이제는 쓰며 묻는다. 답하고 다짐한다. 그렇게 살았는가, 그렇게 살겠는가. 네, 그렇게 살겠습니다.

쓰고 또 써서 어머님의 깊은 뜻이 글자에 담기는 날, 현관과 침실에, 주방에도 붙여두고 나며 들며 화두로 삼자. 초지일관, 신념대로 충실히 살아온 나의 사람과 알뜰살뜰, 화기애애하게 지내자. 어느덧 장성하여 제 가정을 꾸린 딸에게도 주자. 볼품없고 조악한 선물이겠지만 뜻만은 명확하여, 화목할 和, 기운 氣, 가득할 滿, 집 堂, 和氣滿堂. 온 집에 화목한 기운이 넘치게 하자. 평화의 도구가 되기를 청하는 프란체스코 성인의 기도처럼, '사랑과 용서와 화해의 마음으로, 진리 안에 믿음과 소망을 지니고, 기쁨을 나누며' 살자. 그러므로 和氣滿堂, 그러므로 和氣萬世. 온 집안에, 모든 이에게 평화와 기쁨이 넘쳐나게 하소서! 천천히 나를 둘러싸는 따스하고 밝은 기운, 평온함이다.

그러므로 마음을 즐겁게, 가볍게 하고 펜을 고쳐 잡는다. 어머님이 주신 뜻을 담기 위해, 또 전하기 위해.

(2014. 10. 『창작수필』 94호)

제비꽃과 더불어

연이틀 바람이 불고 봄비답잖게 굵은 빗줄기가 내린다. 빗속을 걷는다. 우산은 쓰나 마나 몸도 마음도 다 젖는다. 얼마나 쏘다녔을까, 문득 숨이 멎을 듯하여 발을 멈춘다. 하얀 벚꽃을 함빡 덮어쓰고 꽃잎이 날아갈까 두렵기라도 한 듯 천천히, 아주 천천히 미끄러지는 검은 승용차. 아름답다. 처연하다. 봄이 가는가. 이대로 봄의 광채가 스러지나 싶어 가슴이 시큰거린다.

오지 않을 것만 같은 봄이었는데…. 산수유, 매화 소식에 이어 목련, 진달래가 피더니 어제는 사당로 언덕을 개나리가 덮었다. 그리고 오늘 정원의 묵은 갈잎 사이로 고개를 내밀고 핀 제비꽃을 만났다. 연보랏빛 제비꽃, 나의 꽃이다. 수줍게 웃는 꽃을 보며 나도 웃어주었다.

봄을 기다리는 것은 제비꽃을 기다리는 것. 그를 보는 것은 추억을 어루만짐이다. 보랏빛 작고 여린 꽃, 나물 캐는 바구니에 담아 와 소꿉놀이하던 꽃이다. 책상 위를 꾸미고 옷깃에 달고 시집 안에 넣어 말렸다가 편지에 넣어 친구에게 보내던 꽃, 학창 시절엔 교실의 교탁 위와 창가에 놓아두곤 했다.

봄의 전령 제비꽃. 그를 보려고 꽃샘바람 맞으며 산을 오르고 들판을 헤집고 다녔다. 집 안에서 키워보려고 여러 차례 시도했으나 실패했다. 옮겨 심어보고 씨앗을 받아 뿌려도 보았지만, 야성은 꺾이지 않았다. 결국 그 단단한 심지에 두 손을 들었다. 아쉽지만, 그 근성이야말로 그를 좋아하는 까닭이 아닌가.

제비꽃. 혹한을 인내하는 성실을 사랑한다. 제 난 자리를 지켜 자손을 늘려가며 꽃방석을 이루는 모습이 장하다. 겸손한 자태가 좋다. 곁에 앉아 같이 햇볕을 쬐고 눈을 맞춰 정담을 나눈다. 어쩌면 나는 전생에 제비꽃이었을지도 모른다고 속삭이며.

그런데, 사실 꽃을 보는 심정이 미묘하다. 아릿아릿, 기쁘다가 저리고 즐겁다가 시리다. 바지런하고 손끝 야무진 옥인 씨, 나의 엄마. 고달픈 대가족 시집살이 속에 불러오는 배를 안고 날마다 베틀 위에서 지냈다고 했다. 그러다 갑자기 닥친 진통과 출산. 8개월째로 접어들 무렵에 태어난 아기는 호흡이 가냘프고 몹시도 작았단다. 개구리만 했다니…, 할머니는 살지 못할 거라고 수건에 싸서 윗목에 밀어놓으셨다.

한 달이 넘어서도 창호문 밖에서 우는 소리를 들을 수 없도록 허약했던 첫아기. 젖도 제대로 나오지 않는 산모가 그를 어떻게 건사했을지…. 오로지 지극한 모성 덕분에 위기를 넘기고 자라, 고단한 엄마의 일상에 기쁨이 된 칠삭둥이가 나, '옥인이 딸'이다.

작고 가녀리나 맹렬한 야성을 지닌 제비꽃. 추억을 불러일으키는 그를 만나면 반갑고 기쁜 한편 마음이 시리다. 인내, 성실과 겸양을 상징하여 성모 마리아께 바쳐지는 꽃. 그를 보면 옥인 씨와 아기가 견뎌낸 날들이 떠오른다. 시리지만 짜릿한 추억이다. 그래, 그들이 살아냈듯이 꽃도 그렇게 이겨냈겠지.

제비꽃을 본 지 닷새 만에 벚꽃이 만개했다. 꽃차일 아래를 거니는 호사는 잠시뿐, 축제의 탄성은 지금 비바람에 흩어지고 있다. 삼일화(三日花)라 불리는 벚꽃의 영화는 길어야 사오일, 못다 꾼 꿈처럼 스러진다. 안쓰럽고 가엾다. 어쩌면 봄도 이대로 가버릴 것만 같다.

그렇지만 저 젖은 산야에 온몸으로 비바람을 견디는 제비꽃이 있다. 근성 대단한 꽃, 얼어붙은 땅을 제힘으로 뚫고 피어 봄을 가꾸는 의지의 꽃. 마주칠 때마다 미소와 위로를 건네는 꽃. 피고 또 피는 제비꽃이 있으니 봄은 이제부터다. 지금부터가 진짜 봄이다, 포근하고 화창한.

내일은 맑을 거라니 옥인 씨와 함께 제비꽃을 보러 가자. 꽃보고 맛있는 것도 먹자. 엄마와 더불어, 제비꽃과 더불어 화창한 봄을 누리자.

(2014. 4. 『창작수필』 95호)

왼손의 휴가

- 일상의 행복

뜻밖의 휴가가 생겼다. 예정도 계획도 없이 닥친 휴가. 그 따분하고 무료한 시간의 대부분을 성경을 읽으며 지낸다.

"그렇지, 그렇지!" 하며 '자기의 노고로 먹고 마시며 스스로 행복을 느끼는 것보다 인간에게 더 좋은 것은 없다.(코헬렛 2.24)'에 힘껏 밑줄을 긋는다. 이어지는 구절도 일상의 복은 가장 좋은 몫이자 절대자의 선물이라 강조한다. 일상의 복, 누려 마땅한 선물! 그래, 나의 복을 오롯이, 느긋이 누려보자. 그렇게 생각하니 마음이 환해진다.

진눈깨비가 걷힌 오후, 시장에 다녀오다 빙판길에서 넘어졌다. 둔한 운동신경을 탓해 무엇 하리, 그게 나인 걸. 그런데 어쩌나, 왼손잡이의 애환이런가, 부지런한 왼손이 먼저 땅에 닿고 말았다. 툭툭 털고 일어났지만 점점 팔목이 부어오르고 통증 또한 예사롭지 않아 응급실을 찾았다.

심각한 문제는 없었다. 깨져 떨어져나간 손목의 작은 뼛조각들은 그냥 두어도 된다 했다. 팔꿈치까지 부목을 대어 망가진 연골과 인대를 고정시키고 멜빵도 둘렀다. 수술을 면했으니 얼마나 고마운가! 이왕지사, 잘 쉬어보기로 했다. 웬일이냐며 놀라는 이들에게 왼손에게 휴가를 주었다며 능쳤다.

몇 년 전부터 아팠던 팔. 테니스 엘보우, 골프 엘보우라 미화해 부르며 통증을 견뎠다. 즐거운 스포츠가 아니라 팬 엘보라 불러 마땅한, 그저 가사노동이 빚은 관절염 때문에 약도 먹고 물리치료도 받았으나 소용없었다. 쓰지 않는 것이 묘약이라는데 실천할 형편이 아니었다. 그래서 정말, 너무나 미안했던 관절에게 드디어 휴가를 주게 된 것이다. 비록 한 쪽에게만이지만, 그게 어딘가!

그런데 웬일인지 자꾸 헛손질하는 오른손. 바른손이란 제 이름 구실을 못 한다. 둘이 하던 걸 혼자 하라고 해 삐쳤는가, 힘에 부치는가, 접시도 컵도 떨어뜨리고 깨뜨려 일감만 늘렸다. 결국 나는 손쓰기를 포기했고, 내 두 손 모두가 부엌에서 해방되었다. 그나저나 자청하여 '노예'가 되겠다며 큰소리친 저 사람, 과연 믿어도 될까. 걱정되었으나 눈 딱 감을밖에.

어쩔 수 없이 집안일을 맡은 내편, 딱하기도 하지. 곧잘 도와주던 설거지도 요즘 들어 귀찮다고 꾀부리던 사람이 아닌가.

부지런히 움직이지만 과일을 씻고 깎고 담아내는 일도 힘들어 보인다. "뭐가 이리 질기냐?"는 투정에 쫓아가보니 칼등으로 사과를 눌러 자르느라 안간힘을 쓰고 있는 게 아닌가. 아하하, 하하! 한바탕 웃었지만 하마터면 크게 다칠 뻔했다. 어느새 시력이 저리되었나, 안쓰러웠다.

2주째엔 조금 나아진 노예님의 손놀림. 그 손을 빌려 카레라이스를 만들었다. 어휴, 입으로 하는 요리가 어찌나 힘들던지, 묶인 왼손이 자꾸만 꼼지락거렸다. 그래도 성공, 하이파이브를 하고 먹었다. 무재주인 주방장 덕에 계속했던 외식으로 지친 입이 모처럼 호강했다. 설거지하며, "간단치 않네. 쉬운 일이 아니야. 힘들기는 했겠어."라고 혼잣말하는 노예님. 요리수업에서 느낀 게 좀 있는 듯. 에헤, 그 양반, 엄살이 대단하십니다.

그럭저럭 3주가 되니 부기가 빠지며 통증도 줄고 손가락에 힘도 조금 생긴다. 부목을 댄 손의 엄지와 검지만 빌려 일곱 손가락으로 반찬을 만들어보았다. 별것도 아닌 시금치나물이 만만치 않았으니, 동작이 굼떠 그만 물러지고 말았다. 그래도 초록 나물이 오른 저녁상은 산뜻했다. 국도 찌개도 없는 식탁 앞에서 연신 싱글거리는 사람. 당신이 이만큼이나마 회복되어 참 다행이란다. 정말? 살짝 가슴이 찡했다.

이제 한 달. 부목을 벗고 훨씬 날렵한 보조기를 손목에 두르니 한결 편해졌다. 병원에 다녀오는 길에 털모자와 두툼한 스웨터를 사서, 고맙다는 인사와 함께 노예님에게 선물했다. 입고 쓰고 만져보며 어린애처럼 좋아한다. 그래, 이런 게 기쁨이지. 이게 바로 행복이니 무얼 더 바랄까. 저녁 메뉴는 또 카레. 한결 수월하게 고기와 채소를 다루는 그의 솜씨에 "어머나, 어머나!"를 외치며, 카레 명장 났다고 칭찬해주었다.

두어 달이면 손은 회복될 것이다. 이번 일을 통해 손의 소중함을 알았으니 이제는 내 손을 아껴주자. 왼손을, 아니 두 손을, 열 개의 손가락을 마음대로 쓸 수 있음에 감사하며 살고 싶다. 긴 휴가를 마친 왼손이 앞장서서 일하게 되면 평범한 나날로 돌아가겠지. 기꺼이 내 왼손이 되어준 사람과 소소한 일상을 다시금 누리겠지.

사람이 누려 마땅한 선물, 곧 일상의 수고로 얻어지는 복은 그의 몫, 그리고 나의 몫이다. '행복은 미래의 것이 아니라 지금의 것'이라고 말한 이는 프랑수아 클로르였던가. 동감! 일상의 행복. 누려 마땅한 선물. 그것을 오늘, 바로 지금 누리고 못 누리는 건 스스로의 선택에 달려 있음을 새삼 깨닫는다. 느닷없이 생긴, 뜻밖의 휴가를 통해.

내일은 새 스웨터에 새 모자로 멋을 낸 사람과 봄 오는 길목을 걷자. 앞서거니 뒤서거니, 또 나란히 걷는 복을 누리자. 일상의 복은 그와 나의 몫, 우리의 몫일 테니까.

(2015. 1. 『창작수필』 96호)

낙화를 바구니에 담으며

목련이 피었다. 곱게 피었는데 밤을 새워가며 비가 내렸다. 번개에 천둥까지 요란했다. 거친 바람에 창 너머 대숲도 휘청거렸다. 하물며 꽃은 어떠할까, 나도 잠을 잊고 말았다. 긴 가뭄을 해소하는 단비요, 금비라지만 봄비답지 않은 행보에 마음이 졸아들었다. 경제적 가치가 2500억 원이나 된다는 비는 동튼 후에야 멎었다. 다행스럽게도 꽃은 여전했다. 아니 물기를 머금고 더 우아해졌다. 역시 단비, 금비였던가. 고마운 봄비다.

나무 가득 달려 있는 순백의 종. 사기등잔을 촘촘히 매달아 둔 것도 같다. 고귀함의 표상 목련. '내 사랑 목련화, 봄에 온 가인'이 '희고 순결한 그대 모습'으로 피었으니, 뜰이 화안하다. 아껴두었던 흰 블라우스를 꺼내 입고 꽃그늘에 선다. 여고 시절, 그 순수의 시절로 돌아가 꽃에게 '4월의 노래'를 들려준다. '추운 겨울 헤치고 온 봄 길잡이 목련화는 새 시대의 선구자요 배달의 얼이로다.' '베르테르의 편지'를 읽으면 아련한 '피리 소리'도 들려온다. '생명의 등불을 밝혀' 들고 날아오르는 꽃, 부활의 상징 목련화에게 추억의 노래와 시를 바친다.

강인한 꽃 목련. 겨울 산책길마다 그의 겨울눈을 지켜본다. 붓처럼 생긴 꽃눈의 겨울나기는 애처롭도록 치열하다. 날 선 바람이 새끼손가락 끝마디만 한 털북숭이 꽃눈을 마구 흔든다. 빽빽한 솜털을 덮어쓴 비늘껍질 안에 꽃잎을 켜켜로 포개 넣고, 꽃술과 향기를 고이 간직한 꽃눈은 냉기와 눈바람을 그저 견딘다. 의연하고 담담하다. 이윽고 꽃샘바람이 가지를 휘감을 때, 그는 몸을 일으킨다. 봉오리를 부풀리고 터뜨린다, 오직 제힘만으로. 그렇게 봄을 깨우며 피는 까닭에 부활의 의미를 부여받았다. 북쪽을 향해 머리 숙여 피기에 북향화라 불리니, 충절을 기리는 꽃이기도 하다.

꽃이 피어 제 날수를 다 채워야 비로소 조그만 잎이 나오기 시작하는데, 그것은 게으름이 아니다. 오히려 개화를 위해 영양과 힘을 몰아주는 잎의 양보요 배려다. 그 기특한 잎이 제 모양을 갖추는 초여름이면, 나무는 이미 새 꽃눈을 마련해 가지마다 촘촘하게 매단다. 미리 준비하는 근면성 또한 목련의 덕목이겠다.

바람에 일렁이는 꽃, 눈이 부시다. 사뿐 날아오르며 창공을 가르는 꽃잎. 치열하게 봄을 알린 목련의 첫 비상이다. 깃털일런가, 내리는 꽃잎을 손으로 받는다. 도톰하고 부드러운 감촉, 청신한 향기. 문득 '늦게 핀 꽃이 아름답다'는 말이 떠오르는데…. 하면 먼저 피어 계절의 문을 여는 꽃은 아름답고도 숭고하다 해야 마땅하지 않을까? 흩날려 나부껴도 아름다운 꽃, 고귀한 목련이다.

목련을 두고 꽃은 참 좋은데, 시드는 모습을 보면 심란해진다고들 한다. 떨어진 모습은 처량하고, 치우기가 귀찮고 힘들다며 고개를 흔드는 이도 있다. 꽃을 생각하는 마음이 그럴 수 있을까, 떨어진 꽃은 더 이상 꽃이 아니라는 건가…. 그래, 아무려나 그럴 수도 있으려니, 나름 꽃의 어여쁜 모습을 사랑한 소회려니, 이해하련다.

다만 목련을 위한 노래를 읊조려 그를 위로한다. 나를 달래며 떨어진 꽃잎을 모아 곱게 말린다. 치열하게 봄을 열었던 꽃. 차마 그를 무심한 발길에 채이게 할 수는 없다. 최인호 님의 말대로 '잘 빨아 널어 말린 버선' 같기도 한 꽃잎을 바구니에 담는다. 꽃을, 봄을 추수한다. 책상에 올려놓고 보다가 가을 색 짙은 날, 제 그루터기 아래에 묻어준다. 새가 되어 날아간 꽃을 기리는, 가뭇없이 사라진 향기를 그리는 몸짓이다. 목련을 위한 의식이며 새봄을 기다리는 기도다.

꽃의 부활을 기다리는 이 애틋한 몸짓을 나는 멈출 수가 없다. 비록 목련처럼 고고한 꽃을 피울 재주는 없지만, 그저 그런 나날을 살 뿐이지만, 묵묵히 그의 겨울나기를 응원하며 꽃 피어 빛날 날을 고대한다. 안타까운 불면의 밤조차 다디달, 추억이 되살아날 그날을 기다린다. 새봄, 새로이 필 목련의 날을.

떨어져 누운 꽃잎을 거두어 바구니에 담으며 생각한다. 나에게도 봄날의 목련처럼 활짝 피어날 순간이 찾아올지, 피어 눈부신 꽃 같은 순간, 순수의 그날처럼 빛나는 순간이 다시 올지….

(2015. 4. 『창작수필』 97호)

아버지의 선인장

그리움이 피었다. 베란다가 환하다. 창밖은 한겨울인데 꽃 잔치가 벌어졌다. 3년 만의 개화에 마음이 들뜬다. 꽃은 고사하고 시들시들 마르기만 하여 애탔던 크리스마스선인장, 아버지가 가꾸시던 꽃이다.

꽃도 안 피고 비실거리니 그만 버리라는 아우의 말에 차마 그럴 순 없다며 애면글면 정성을 쏟은 보람이 피었다. 가지가 휘도록 핀 진분홍 화사한 꽃. 얼른 사진을 찍어 가족대화방에 올린다. 또록또록, 알람 소리에 이어, '좋아요, 예뻐요, 추카추우카, 굉장하다, 아버지 보고 싶다….' 우르르 답글이 뜬다.

꽃이 피었으니 축하해야지. 아버지 즐기시던 머루주를 따르고, 꽃을 향하여 두 개의 잔을 들어올린다. 크리스마스선인장, 아니 아버지의 선인장을 위하여, 건배! 애썼네, 잘 견뎌냈네.

아버지 그 먼 길로 영영 떠나실 무렵, 그분의 뜰에서 데려온 작은 줄기 하나가 거목(?)이 되었다. 두툼한 둥치에 투박해진 옹이들이 연륜을 드러낸다. 헤아려보니 어느새 십여 년, 짧지 않은 세월이다.

아버지의 선인장. 꽃이 피니 아버지가 더욱 그립다. 무성하게 웃자란 가지들을 잘라 동생들에게 나눠준 지도 오래라, 집집마다 꽃이 피면 앞 다투어 꽃소식을 전한다. 꽃의 근황을 나누는 것은 아버지를 추억함이니, 언제나 화제는 꽃에서 아버지로 옮겨간다. 아버지를 그리워하고, '공평해라, 화목해라.' 하시던 당부를 되새긴다. 속정 깊은 그분의 분신이니, 우리의 우애는 당연히 두텁고 돈독하다.

크리스마스선인장, 한겨울 추위 속에 꽃을 피운다. 아버지의 생신과 기일도 겨울, 그 꽃이 피는 계절이다. 오랜 역경을 이겨내고 때를 꼭 맞춰 핀 꽃에게 술 한 잔을 부어준다. 축하하네. 한 잔 하시게. 기쁨과 그리움이 가슴속에서 뒤엉킨다. 아, 꽃과 아버지, 아버지와 꽃. 참 좋은 추억놀이다. 아버지의 복이며 자녀들의 기쁨이다.

머루주를 한 모금 마시는데, '나를 잘 묻어다오.(성경 토빗기 4,5)'라는 구절이 생각난다. 무슨 뜻인가. 거창한 장례절차나 장엄한 무덤에의 안장을 뜻하는 것만은 아니겠다. 그 말의 숨은 뜻은 부디 잊지 말라는, 기억해달라는 부탁이 아닐까. 아름답게 추억해달라는 한 생의 마지막 소망이 아닐까.

어느 장례식에서 추도사를 듣다가 '죽음을 두려워하는 것은 잊힐 것을 두려워함이다'라는 구절을 마음에 새기게 되었다. 잊지 않고 기억해주는 것은 아름다운 일이며 참된 나눔이라는 생각도 들었다. 고인을 그리며 추억하다가 언젠가는 나도 떠나게 되겠지, 잊지 말라는 간절한 당부를 남기며. 그렇게 떠나면 남은 이들은 나를 잘 묻어줄까? 과연 나를 어떻게 기억해줄까? 저 꽃은 답을 알고 있을까….

"아버지, 선인장 꽃이 피었네요. 꽃이 피니 아버지가 더욱 보고 싶네요."

혼잣말하며 만개한 꽃을 들여다본다. 손가락 마디 같은 잎줄기가 부챗살처럼 펼쳐진 것은 활짝 편 아버지의 손을 닮고, 마디마다 핀 꽃에는 그분의 사랑이 어려 있다. 아버지의 따스한 눈길과 손길을 느낀다. 어려운 시대를 온몸으로 살아내신 분, 일곱 자녀를 고르게 사랑하시며 공정과 화목을 가르치셨다.

"남는 건 사진밖에 없어요~."

남편이 즐겨 하는 말이다. 동감! 사실 가장 나중까지 남는 것은 사진처럼 새겨지는 추억일 테니까. 그러니까 산다는 것은 결국 마음에 흔적을 남기는 일, 추억을 쌓아가는 과정이겠다. 문득문득 솟구치는 그리움은 추억의 작용이다. 추억은 별리의 슬픔도 그리움으로 승화시킨다. 그러니 크든 작든 소중하다. 그 귀한 기억들을, 아름다운 남김을 위해 오늘을 알뜰하게 사용하고, 아버지처럼 사랑하며 살자. 그렇게 살아, 아버지의 선인장처럼 예쁜 기억을 마련하고 싶다.

꽃을 어루만지고 가지를 쓰다듬어본다. 그런데 가슴이 미어지도록 차오르는 그리움을 어찌하나. 아무래도, 아무래도 아버지를 뵈러 가야겠다. 가서 묘석도 닦고 머루주도 따라드리자. 생신인사 드리고 꽃소식도 전해드리자. 주말에 다 같이 가자고 대화방에 쓰려는데 또로록, 경쾌한 소리와 함께 뜨는 막내의 메시지, 아버지께 가서 활짝 핀 꽃을 보여드리잔다. 좋아, 찬성. 아버지도 좋아하시겠다. 내친김에 고향나들이도 하고 싶다고 올린다.

또록또록, 또로록, 조약돌 구르듯 경쾌하게 이어지는 알람소리. 반응폭주다. 오홋, 이것 참 야단났네!!

(2015. 2. 『창작수필』 98호)

두 번 안아주기

나, 1박 2일 피정 가는데 머리 말리는 사이, 안아주지도 않고 나가버리고!!

삐뚤어질 테다!!

다녀오겠습니다. 내일 봐요~

아차, 후회해보지만 이미 늦었다. 화사한 봄날, 아침 산책을 마치고 돌아오니 벌써 떠나고 없는 딸. 또박또박 단정하게 눌러쓴 글씨에, 느낌표가 넷이나 들어간 메모가 식탁 위에 놓여 있을 뿐이다. 나가기 전에 안아줄 걸, 많이 서운했나 보네…. 아쉬움에 지금쯤 떠나도 시간적 여유가 충분하다며, 가고 없는 녀석을 원망해보지만 무슨 소용인가. 그런데 무어라, 삐뚤어질 테다? 어허허, 웃고 나니 더 허전하다. 공연히 주인 없는 방을 기웃거리고, 책이며 옷가지를 만져본다.

그렇다. 아침마다 출근하는 딸을 안아주는데 그걸 놓치고 좌불안석이다. 어느 날 아침 서둘러 집을 나서는 뒷모습이 작아 보이고 안쓰러워 시작한 일이다. 처음엔 저나 나나 주뼛주뼛, 조금은 멋쩍었으나 어느새 중요한 아침 일과가 되었다. 모르는 사이에 몸에 밴 습관, 아침에 안아주기. 별일 아닌 것 같아도 그 맛을 아는 사람은 이 허전한 마음을 알고도 남으리.

어떤 날은 기대듯이 아주 살짝 안겼다 간다. 기분이 좋구나! 덩달아 내 마음도 새털 같아진다. 어느 날은 안긴 채 아기처럼 몸을 축 늘어뜨리고 미동도 않는다. 그러면 좀 더 길게, 더 힘껏 안고서 어깨와 등을 토닥여준다. 그러면 몸을 천천히 일으켜 손을 흔들며 현관을 나선다. 문이 닫힐 때까지 미소를 지어 준다. 힘에 부치는 일이라도 있나 싶어 기도가 길어진다.

또 어느 날엔 제가 먼저 내 등을 토닥토닥 두드린다. 힘이 넘치는 날인가 싶다가, 내가 기운 없어 보였나 싶어 얼른 마음을 가다듬는다. 가끔은 제 아빠를 어르듯이 안으며 툭툭, 등을 쳐준다. "난 됐어~." 무심한 체하면서도 얼른 마주 안아주는 우리 집 가장. 호옷, 드높은 광대 승천! 그 훤한 표정에서 그 사람의 하루가 어떨지 가늠하고도 남는다. 그렇게 하루를 여는 시간에 서로 안아주며 나누는 마음 맛을 녀석도 깊이 느끼고 있었던 거다.

안아주기. 포옹, 허그(hug). 설명이 필요 없는 단어다. 가까운 사람들 사이에 이루어지는 몸짓일 뿐이지만, 그 안에는 적잖은 힘이 들어 있다. 안기는 순간 스트레스나 우울한 느낌이 줄고 마음이 부드럽고 편안해진다. 혈압과 심장 박동이 안정되고 공포, 두려움, 불안, 외로움이나 박탈 같은 부정적 감정들이 사라진다. 차분해지고 친밀과 행복을 느낀다. 그러기에 가족과 친구, 연인들 사이에 이루어지는 안아주기는 '가장 크고 따뜻한 제스처'라고 알려져 있다.

청년 성서 모임의 탈출기 연수, 총 9일간의 여정. 지난 주말에 그 시작인 1박 2일 과정을 하고 온 딸애는 다시 주중 이틀 동안 퇴근 후에 합동강의를 들으러 갔다. 남은 날도 새벽까지 숙제를 하고 묵상을 썼다. 그 사서 하는 고생을 지켜보는데 자꾸 웃음이 나왔다. 그럼, 그렇게 마음이 열리는 거고, 그렇게 성장하는 거지.

속내를 잘 내비치지 않는 아이가 제 마음 깊은 곳을 드러내 보이려니 오죽 힘들까! 자신과의 씨름이 힘들어 하룻밤에 몇 번이고 거실로 나와 품을 파고드는 녀석을 안고는 머리를 쓰다듬고 등을 다독여주었다. 칭얼대고 버둥거리면서도 여기까지 온 것이 예뻐서다. 누가 시켜서 저 힘든 걸 할까, 참으로 신기하고 신통해서다.

연전에 성경 공부 시작 부분인 창세기를 신청하고 왔다며 이

것저것 물어보더니, 생각했던 것과 사뭇 다른 것 같다고 했다. 먼저 공부한 적이 있는 나는 애초에 그만두는 게 나을 거라며 겁을 주었다. 그러나 오래 생각했던 일이라며 그만둘 생각은 없단다. 과연 잘해낼까, 걱정스러웠다. 그런데 어느새 두 번째 책인 탈출기를 마무리하는 연수를 떠났다. '드디어 광야의 여정을 끝내러, 탈출하러' 간다며 아주 씩씩하게.

그러나 그러하나, 이제 그 애도 알게 되었을 것이다. 삶에서 광야의 여정은 끝나지 않는다는 것을. 오히려 매일 새로운 광야가 펼쳐진다는 것을. 다만 그 험지를 푸른 풀밭으로 가꾸어 가는 것, 그것이 제 몫이라는 것을 깨닫고 올 것이다. 영혼 깊은 곳의 울림을 느끼고, 평화와 함께 힘을 얻고 오리라.

지금은 주일 오후, 마지막 일정인 파견미사가 진행되는 시간이다. 곧 다시 광야로, 아니 푸른 초원으로, 일상으로 귀환할 딸을 기다리며 감사기도를 드린다. 참 감사합니다. 그리고 산뜻한 마음으로 딸에게 문자를 보낸다. '탈출을 축하한다, 사랑하는 너에게 평화가 함께하기를! 큰 힘을 얻고 돌아오기를! 엄마가 두 번, 꼬옥 안아줄게'라고.

이틀 동안 꺼두었던 휴대폰을 켜면서 나의 메시지를 보게 될 딸, 그 밝은 얼굴을 떠올리니 즐겁다. 내 안에도 평화가 넘친다. 문득 하루를 마감할 때에도 안아주면 어떨까 생각한다. 아침과 저녁, 하루에 두 번 안아주기라…. 사랑과 위로와 격려, 그 따스함을 하루에 두 번 나눈다니! 간만에 좋은 생각을 했다. 실천하기로 결심하니 마음이 더 밝아진다. 녀석도 좋아하겠다.

아, 도착할 시간은 아직도 멀었는데, 마음도 눈도 자꾸 현관 쪽으로 향한다.

(2015. 5. 『창작수필』 99호)

살다 보니

성경을 들추다 손에 잡힌 그림엽서 한 장. 늙은 아버지가 두 팔을 벌려 초라한 행색의 아들을 안고 있는데, 밝고 따스한 빛이 그들을 감싸고 있다.

'돌아온 탕자', 용서와 자비, 사랑이 넘쳐난다. 렘브란트의 작품으로 성경의 한 부분을 표현한 것이다. 그 부분을 찾아 읽다가 한 구절을 옮겨 쓴다. '큰아들은 화가 나서 들어가려고도 하지 않았다.(루카복음15,14)' 다시 그림을 살펴보니 형의 얼굴은 굳어 있고 표정도 어둡다.

아버지에게 제 몫의 유산을 미리 달라고 요구한 작은아들은 가족과 연을 끊고 재물을 가지고 떠났다. 그러나 향락에 빠져 모든 것을 잃고 비참한 몰골로 돌아온다. 멀리서부터 그를 알아본 늙은 아버지는 달려가 아들을 안고 입 맞춘다. 새 옷을 입히고 큰 잔치를 베푼다. 그 일로 화가 난 큰아들은 집에 들어가기를 거부한다. 있음직한 일이다.

고대 중동에서는 한 가정의 맏배, 곧 장자를 각별하게 여겼다. 그에게 집안의 중요한 재산과 큰 권한을 물려주고 특별한 복을 빌어주었다. 짐승조차도 맨 먼저 태를 연 맏물을 귀히 여겨 하느님께 제물로 바쳤다. 그 시대에 동생만을 편애(?)하는 아버지의 처사에 큰아들은 크게 서운했을 것이다.

그는 날마다 집 앞에 서서 먼 곳을 바라보시는 아버지를 지켜보았을 것이다. 좋은 의복과 반지에 새 신발까지 마련해두고 오매불망하는 모습에 가슴 아팠을 것이다. 열심히 일하는 그에게는 아무런 칭찬이나 보상 없이 그저 무관심하셨으니, 마음속 상처 또한 적잖았을 것이고.

그러던 어느 날, 동생이 불쑥 나타나니, 얼싸안아 맞아들이고 노래하며 춤추고 살진 송아지까지 잡았다. 뭘 잘했다고! 큰아들의 마음은 분노를 넘어 비통했을 것이다. 그러나 그런 그를 아버지는 조용히 타이르신다. '얘야, 너는 늘 나와 함께 있고 내 것이 다 네 것이다. 너의 저 아우는 죽었다가 다시 살아났고, 내가 잃었다가 되찾았다. 그러니 즐기고 기뻐해야 한다. (루카15,31-32)' 아아. 어찌할거나, 옳으신 그 말씀을!

큰아들, 그는 아버지를 사랑했다. 동생의 빈자리까지 채우며 부친을 위로하고자 전력을 다했다. 아우가 돌아오던 날에도 늦도록 들에 나가 있느라, 떠들썩한 잔치가 벌어진 것도 모르고 있었다. 하지만 그토록 아버지를 사랑했기에 그분의 따뜻한 위로 한마디에 그의 가슴속 응어리는 녹아버렸을 것이다. 기꺼이 동생을 안고 입 맞췄을 것이다. 철없는 동생을 다독이며 의좋게 살 것을 다짐하면서.

형만 한 아우 없다는 말이 있다. 형은 형다워야 한다는 말도 있다. 큰아들, 장자, 대들보, 맏아들, 그리고 맏이…, 시대가 달라졌어도 지금도 내가 속한 사회에서 맏이로 산다는 건 녹록찮은 일이다. 그러므로 칠남매의 맏이인 내 곁을 지키며 부모님의 의논대상이 되어준 '내편'이 늘 고맙다. 묵묵히 함께 보낸 세월이 36년, 우리가 결혼하던 해에 막 고등학생이 되었던 아버지의 장자가 희끗한 장년이 되었다.

군장교인 그는 직무상 계속 외지를 떠다녔고 늘 비상소집을 위해 대기 중이었다. 집안의 대소사는 형제자매들의 몫이 되었고 우리는 서로 협력하였다. 아버지 동기 아홉 분에 어머니 쪽 열두 분, 많고 많은 대소사를 빠짐없이 챙겨 부모님을 즐겁게 해드렸다. 동생은 누나들 덕에 늘 안심이라며 고마워했다.

그런데 최근 그의 신상에 변화가 생겨 근거리에 살게 되었다. 얼굴도 자주 보여주며 엄마를 챙기는 맏아들의 표정이 환하다.

참으로 기쁜 일이다. 살다 보니 이런 날이 왔다. 경칩인 오늘, 집들이를 겸한 그의 생일잔치가 열렸다. 긴 세월 먼 길을 돌아온 우리 집 대들보의 귀환을 축하하러 온 가족이 모였다.

아버지 돌아가신 후로 아주 사라졌던 화투판까지 벌어졌다. 간간이 내리던 보슬비가 번개와 천둥을 동반한 폭우로 변했지만, 창밖의 요란한 사정을 아무도 몰랐다. 무려 12년 만의 가족오락시간. 아들들과 사위들의 환호 속에 화투장을 들고 춤까지 추시는 엄마를 보며, 긴 세월 엄마를 괴롭히던 우울증도 끝났구나 했다.

엄마의 며느리 둘과 딸 다섯, 손주들까지 식탁의자 하나에 두셋씩 끼어 앉아, 와인을 맛보고 차를 마셨다. 살아온 이야기, 살아갈 이야기 사이로 깔깔 웃음이 자꾸 터졌다. 해묵은 감정과 오해가 폭소에 말끔히 씻겨나가는 걸 보니 감격스러웠다. 아주 따뜻한 것이 가슴에 고였다.

돌아오는 차 속에서 내편이 말했다. "당신, 애 그만 써도 되겠어." 내가 말을 받았다. "그동안 맏아들 노릇 하느라 수고 많았어요. 이제 해방시켜드릴까?" 돌아온 그의 말, "아냐, 내가 뭐 한 게 있다고!" 그러니까, 다 잊었다는 뜻인가. "암튼 무진장 고마워요!" 얼른 한마디를 보탰다. 그런데 갑자기 눈이 말똥말똥해졌다. 아니, 어쩌면 우리가 한 게 없는지도 모른다며 마음이 오락가락하다가 문득 깨달았다, '모두 함께'였던 것을.

동생들, 아니 가족 모두 협력해 오늘에 이른 것을! 이런, 또 뒷북을 치고 말았다. 그러니까, 깨우침은 언제나 더디다.

비가 그쳤다. 내일은 짙은 황사, 아니 중금속 범벅인 독사(毒砂)가 온단다. 뉴스를 시청하며, 오늘도 내일도 즐기는 만 보 걷기를 못 하게 됐다고 시무룩해진 내편. 얼른 어떡하느냐고 맞장구치지만 뭐, 난 괜찮다. 아무렇지도 않다. 나는 지금 기분이 매우 '나이스' 하니까. 동고동락해준 동기들과 그 가족, 내 미덥고 고마운 사람들의 온기를 가슴으로, 온몸으로 느끼는 중이니까.

고마운 내 피붙이, 살붙이들! 융통성 없고 부족한 맏이를 믿어주고, 탓하거나 힘들다고 하지 않았다. 일마다 거들고 나누며 장자놀이를 함께 즐겨주었다. 이 대단히 의좋은 형제, 가족이 있어 나는 겁 없이 살았다. 앞으로도 그리 살 것이다.

황사, 아니 독사가 창공을 덮을지라도 마음은 둥싯둥싯, 푸른 하늘, 흰 구름 위를 걸을 것이다. 둥싯둥싯, 두둥싯!

(2016. 3.『창작수필』 100호)

선물 같은 하루

온 하루가 생겼습니다. 1년에 고작 며칠뿐인, 가사에서 완전히 놓여나는 선물 같은 하루입니다. 이런 날 격조했던 친구를 만납니다. 혼자 고궁이나 박물관 뜰을 걷지요. 점찍어둔 전시회도 보고, 책방에도 가고, 창 넓은 카페에서 차를 홀짝이기도 하고, 할 게 아주 많습니다. 그중 가장 좋아하는 건 미처 못 읽고 쌓아둔 책들을 꺼내놓고 내키는 대로 펼쳤다 덮었다 하며 맘껏 게으름을 부리는 겁니다. 잔잔한 음악을 들으면서요. 음악과 책에 둘러싸인 그 느긋함이란!

화창한 토요일, 오늘은 옥인 씨에게 갈까 했는데, 며칠 바빴던 몸이 나른합니다. 입속도 해지고 목도 많이 부었고요. 그래, 쉬자고 결정합니다. 지난겨울과 봄, 연거푸 몇 차례 응급실 구경을 한 후로 겁이 많아진 거지요. 아아, 그런데 마치지 못한 일이 생각납니다. 월요일의 성경 공부 숙제, 아무래도 그것에 이 선물 같은 시간을 써야겠네요.

말끔하게 집 안을 치운 다음, 차를 우리고 마음을 가다듬으며 성경을 펼칩니다. 요한 묵시록, '나는 알파요 오메가다.(1,8)' 익숙한 구절이 반갑습니다. 뒤이어 쏟아지는 예언들에 마음이 어수선해집니다. '말씀'은 우레와 천둥이 되고, 봉인이 떼어지고 나팔소리 울릴 때마다 천지가 뒤흔들립니다. 눈 감고 심호흡해도 소용없고, 되짚어 읽어보아도 혼란스럽고…. 결국 '너는 차지도 않고 뜨겁지도 않다(3,15)'에서 책을 덮습니다. 아무래도 옥인 씨에게 가야겠습니다. 서둘러 동생에게 전화를 겁니다. 엄마를 보러 가자고요.

우리 엄마 옥인 씨는 10여 년 전, 아버지 돌아가시던 그날로 고향집을 아주 떠나셨습니다. 깊고 깊은 우울증에서 회복하기 어렵겠다는 진단을 받았습니다. 그런데 막내아들과 함께 지내시는 동안, 아주 천천히 고통에서 벗어나셨지요. 슬픔과 우울에는 어린아이들이 약이라는 주치의의 조언을 따른 덕입니다. 네 살과 세 살인 손주 둘을 돌보셨는데, 외려 고 여린 손길로 할머니를 보듬어드렸다니, 참 신통한 일입니다. 자존감을 회복하신 5년 전쯤 다시 홀로서기를 하셨지요.

소일거리 삼아 아파트 근처의 작은 밭을 빌려 일구는데 재미가 아주 쏠쏠하시답니다. 맛난 것 사드린다며 나들이 오시라 청해도 그것들이 눈에 밟혀 안 된다, 거절하기 일쑤지요. 우리를 돌보던 지극정성을 상추, 쑥갓, 토마토들에게 쏟으시는 거지요. 거실 벽에 걸어둔 커다란 사진틀을 닦고 만지고 쳐다보는 것도 큰 낙이시랍니다. 그 액자 속에는 젊고 예쁜 엄마 곁에 훤칠하니 잘생긴 아버지도 계시고, 아들딸들과 손자들 웃음이 가득합니다.

그래도 가끔 잠 못 이룰 때면 아프다, 괴롭다며 풀 죽은 목소리로 전화하십니다. 한 번도 꿈꾸어본 적 없는 현재가, 오롯이 혼자인 그 시간이 아프고 슬프다며. 하여 칠남매는 틈나는 대로 온기를 나누러 갑니다. 자동차로 40분 거리, 오늘은 다섯 딸 중 첫째, 둘째, 셋째가 함께 갑니다.

간밤에 호박넝쿨이 굴러오는 꿈을 꾸었다며 엄마가 함박웃음으로 맞아줍니다. 장 봐온 것들 풀어놓을 틈도 없이 밀린 이야기가 쏟아집니다. 어제 고구마 모종을 심으러 갔더니 벌써 감자꽃이 피었더라는 옥인 씨, 두 눈이 반짝거리고 목소리가 자꾸 높아지네요. 호박도 영글고 가지도 조랑조랑 달렸는데, 오이는 어째 더디 자란다는 둥, 끝이 없습니다.

이른 저녁을 차려 먹고서 산책도 하고 미사에도 참석하자고 조르니, 잠시 도리질하다 따라나서십니다. 딸들 앞세우는 게 좋으신 거겠죠. 혼자 지내시고부터 성당 가는 발길이 드문드문 하다가 아주 끊어져버렸지요. 그 문제를 풀어보려는 산책길, 여기저기 얕은 담장 너머로 핀 장미꽃 향기가 싱그럽습니다. 저만치 성당의 부속건물이 보이기 시작하는데 갑자기 노래 소리가 들립니다. 아직 미사 시간은 한참 남았는데…. 무슨 일인가 하여 걸음을 재촉합니다.

성가 '로사리오의 기도', 바로 5월의 특별한 전례 때 부르는 곡입니다. 그렇지요. 방금 성모의 밤 야외 행사가 시작되었군요. 넓은 뜰을 가득 채운 신자들 중 몇 분이 옥인 씨와 눈인사를 나눕니다. 엄마를 위한 청신호에 딸도 고개 숙여 인사합니다. 한마음으로 노래하고 기도하고 꽃과 촛불을 봉헌합니다. 일렁이는 수백 개의 촛불들. 은은한 빛을 받으며 사랑과 은총을 느낍니다. 생각지도 못했던 선물입니다.

은총이 선물처럼 쏟아지는 밤, 참 아름다운 밤입니다. 본당 입구에 선명하게 새겨진 알파와 오메가를 바라보며 주님께 자비를 청합니다. 자식들이 생의 시작이며 마침이고 전부였던 옥인 씨가, 이제는 시작도 끝도 없는 분의 사랑 안에 살면 좋겠습니다. 여든을 훌쩍 넘긴 지금도 시끌벅적하던 시절을 그리는 옥인 씨, 힘들어도 살맛났다는 엄마의 허전한 마음에 위로 주시기를 기도합니다. 간절히, 온 마음으로.

선물 같은 하루가 저물었습니다. 아쉬움이 남던 다른 날들과는 달리 밤늦은 귀갓길이 가뿐하네요. 뭇별 사이로 높이 뜬 보름달에 엄마 얼굴을 포개봅니다. 달 속에 큰 사랑을 받는 옥인 씨를 그립니다. 성모님께서도 내 어머니를 돌보시겠지요. 굳게 믿습니다.

5월의 아름다운 밤, 이보다 더 좋을 수 없는 밤이 깊어갑니다. 달도 별도 고운 이 밤, 옥인 씨의 꿈길도 참 아름다울 것입니다.

(2016. 5. 『창작수필』 101호)

참 따뜻한 여행

1박 2일, 짧은 여행을 다녀왔습니다. 살갑고 따뜻했습니다.

그러니까 그날, 수술을 하루 앞둔 친구 S가 말했지요, 경포대에 가고 싶다고. 그러자 했습니다. 수술 후 항암치료가 이어지고…, 힘든 시간은 더디 흐르더군요. 한 해가 가고 또 한 달, 드디어 병세가 호전되기 시작했습니다. 그 애 얼굴이 밝고 목소리는 환했습니다. 저도 가슴이 뛰었습니다.

진작부터 운전을 부탁해두었던 후배 J에게 연락해 날을 정했습니다. 숙소를 예약하고 맛집 명함도 챙겼지요. 저와는 허물없는 두 사람이 실제론 생면부지니 어색하진 않을까, 걱정되더군요. 괜찮을 거야, 염려 말자 했습니다. 함께 떠나는 것은 분명 근사한 일일 테니까요.

집 앞 주차장에서 만나서 '회복 중인 사람, 마음이 따뜻한 사람'이라 간단히 소개했습니다. 악수 나누고 출발했지요. 그런데 달리는 차 속에서 셋은 금방 '우리'가 되었답니다. 바로 끝없는 대화, 아니 수다 덕분이지요. 수다의 능력, 참 대단합니다.

대관령 근처 리조트에 짐을 풀고 점심을 먹었습니다. 바다로 향했습니다. 안개비가 뿌리더군요. 바다는 하늘과 하나가 되고 파도도 잠잠했습니다. 공기가 차다며 J가 차에서 모포를 꺼내 S의 등을 덮어주었지요. 참 엽렵합니다. 꿈속처럼 아늑한 해안을 걸었습니다. 이곳에 오기까지 친구를 돌보신 손길에 감사하면서.

"애들 아빠가…."

묵묵히 걷던 S가 입을 열었습니다.

"그때 우리를 데리고 여기 왔었어."

오랜 투병생활 끝에 이별을 짐작한 가장이 마지막 힘을 다해 아내와 아이들을 데려왔던 곳, 이곳에 다시 오고 싶었다는 거지요. 단란했던 그날, 그 자리를 추억하고픈 마음…. 아아, 그렇지요. 알고도 남지요. 고통을 고스란히 견디며 그 품이, 따스한 손길이 얼마나 그리웠을까, 마구 가슴이 저렸습니다.

17년 전 그분의 임종 전날, 병원 침상에서 아내를 응시하던 충혈된 눈을 기억합니다. 걱정과 안타까움이 뒤엉켜 애간장이 타고 녹던 그 눈빛, 차마 다 보지 못하여 고개를 돌렸지요. 비록 그 뜨거운 마음과 따스한 손길에는 미치지 못할지라도, 여윈 어깨를 감싼 팔에 힘을 주며 말했습니다.

"잘했어! 하늘이 무너지듯 닥친 시련을 잘 견뎌내는 너, 정말 대단하다. 자랑스러워. 고맙고 또 고마워."

캄캄해질 때까지 비 그친 바다 곁에 머물렀습니다. 해변 카페의 향 짙은 커피에 홀려 마음속을 나누었지요. 살가웠습니다. 다독다독, 희망에 기쁨을 더하고 긍정을 응원했습니다. 아랫목 이불에 발을 넣듯 다가앉아 가슴을 노을빛으로 물들였지요.

깊은 밤, 누워 창에 어리는 나무 그림자를 보고 있는데 이번엔 굵은 빗소리가 들려왔습니다. 문을 여니 물씬 풍겨드는 초여름 밤의 정취. 밤과 비, 숲의 마력에 끌려 테라스로 나갔습니다. 자작나무 기둥을 쓸어보고 젖은 잎에 뺨을 대고 눈을 감으니 와락 껴안고 싶은 마음자리, 서서히 뻗어가는 감성의 촉수들! 잎이 돋고 가지가 자라고… 이슥고 저는 나무가, 나무는 제가 되었더랍니다.

청량! 창을 조금 열어두고 누워 듣는 빗소리, 맑고 시원합니다. 나뭇잎에 비 듣는 소리, 빗방울 떨어져 부서지는 소리는 정답고요. 숲 향기가 제 안에 천천히 스미고 있었습니다. 빗소리에 낮았다 높았다 다시 편안해지는 벗들의 코 고는 소리가 만들어내는 화음에 미소 짓다 잠들었습니다.

새벽안개를 헤치며 새들 지저귀는 자작나무 사이를 거닐었습니다. 맛난 것 먹고 고찰의 다향에 빠지고, 천년의 숲길도 어슬렁거렸지요. 흰 꽃, 자주 꽃 가득 핀 감자밭에서 "메밀꽃인가?" 하는 S의 말에 하하 웃었습니다. 조촐한 꽃, 소박한 꽃

곁에서 사진을 찍어달라는 친구가 하도 예뻐 권태응 님의 시, 「감자꽃」을 들려주었지요.

자주 꽃 핀 건 자주 감자
파보나 마나 자주 감자
하얀 꽃 핀 건 하얀 감자
파보나 마나 하얀 감자

감자꽃을 처음 본 서울뜨기, 메밀꽃은 어디 있느냐며 찾더이다. 달빛 아래 소금을 뿌려놓은 듯 하얗게 빛난다는 꽃이 궁금하답니다. 9월에 피니 기다리자 했지요. 친구 덕에 달밤의 메밀꽃을 보게 되었습니다. 이제 S에게는 힘껏 먹고 열심히 치료받을 이유가 하나 더 늘었고, J와 저도 가을을 고대하게 되었습니다.

좋은 것은 나눌수록 커지고 확장된다 했습니다. 고백하건대 벗을 위로하고 격려하러 떠난 길에서 저도 위로받고 격려 받았습니다. 그러니까 위로나 격려도 기쁨과 슬픔처럼 나누는 것이고, 나눔으로써 커진다는 것을 깨달았습니다. 주려다가 되받고 나눠 받고 보니, 저 또한 위로와 격려가 필요했다는 것을 알게도 되었지요. 어디 위로가 필요 없는 사람 있을까요?

1박 2일. 위로하려다 위로받은 여행, 짧지만 살갑고 따뜻한 시간이었습니다.

(2016. 『창작수필』 102호)

함께하시는 주님께

- 성경 백주간을 마치며

주님, 고맙습니다. 기쁩니다. 마침내 3년간의 대장정을 마쳤습니다.

살아온 날만큼의 부끄러움을 안은 채, 고개 떨구고 섰던 첫 순간의 모습은 이제 추억이 되었습니다. 맑은 날, 눈비 내리고 바람 부는 날을 가리지 않고 길을 걸었습니다. 기쁠 때에도, 슬프고 괴로울 때에도 순례는 이어졌지요. 믿음의 역사를 관통하며 모든 것을 보고 함께 겪었습니다. 닳아서 찢어질 지경인 성경의 표지, 너덜거리는 책갈피들, 수없이 그어진 밑줄과 여백에 채워 넣은 깨알 같은 글자들이 그간의 여정을 말해줍니다.

주님, 사랑합니다. 이제 117개의 묵상으로 남은 그간의 기록을 살펴봅니다. 부끄러운 고백과 뉘우침, 작고 큰 깨달음, 은총과 감사로 채워졌습니다. 주님의 공생활 3년 동안 함께 머물

렸던, 그리하여 하느님의 사람으로 거듭난 2000년 전의 제자들을 생각합니다. 그들처럼 저도 변화했을까요? 언감생심입니다. 하지만 주님의 말씀에 몰입해 지난 3년을 살았으니 분명 무언가 달라졌을 겁니다. 그렇다고 믿고 싶습니다.

'한처음에' 사람을 창조하시고 '보시니 좋더라.' 하신 말씀에서 희망의 씨앗을 품었습니다. 탈출에 이어진 고난의 여정에서 두렵지만 결코 사람을 버리지 않고 자비로이 돌보시는 손길을 보았습니다. 살아 움직이는 역사 안에 약속을 실현시키셨지요. 인간의 끝없는 배신에도 결코 등을 돌리지 않으셨으니, 마침내는 말씀이 사람이 되어 우리 가운데로 오셨습니다.

예수님께서는 보통 사람들을 제자로 부르시고, 카나에서 첫 표징을 보여주셨습니다. 카파르나움, 나인, 베타니아, 예루살렘에서도 놀라운 일들은 계속되었습니다. 산에서, 들판에서 가르치시고 배고픈 이들을 먹이셨지요. 광풍 휘몰아치는 호수 위를 고요히 걸으신 주님! 병든 이들을 고치시고 소경에게 자비를 베푸셨습니다. 죽은 지 나흘이나 지난 라자로를 되살리셨습니다. 모든 일은 하느님의 영광을 드러내고, 우리로 하여금 믿게 하시려는 것이라 말씀하셨습니다.

착한 목자께서는 간음한 여인을 단죄하지 않으셨습니다. 오히려 죽음의 위험에서 구해주시고 '다시는 죄짓지 마라'시며 위로해주셨지요. 야곱의 우물가에서 여인에게 말씀하셨습니다. '내가 주는 물을 마시는 사람은 영원히 목마르지 않을 것'이라고요. 불평하는 마르타에게 '필요한 것은 한 가지뿐'이라고 타이르셨습니다. 주님의 말씀을 새겨듣고 행하기만을 바라셨지요.

'사랑하여라. 내가 너희를 사랑한 것처럼 너희도 서로 사랑하여라.' 이는 주님의 마지막 당부요 계명입니다. 죽음을 앞두고 아버지께 바친 마지막 기도는 공동체의 일치를 위한 것이었습니다. 우리의 죄를 대신하여 생명을 바치셨으니, 오직 사랑 때문입니다. 그러므로 주님을 따르고 믿습니다.

'나는 포도나무요, 너희는 가지다.' 하셨으니, 포도나무의 가지처럼 살겠습니다. 많은 열매를 맺고 싶습니다. 확신에 차서 이웃에게 달려가 주님을 알린 우물가의 여인처럼 살겠습니다. 주님의 생명수를 마셨다고 당당하게 선포하렵니다. 사실 마르타처럼 분주다사한 일상을 살고 있지만, 생활의 먼지를 털고 마리아처럼 주님의 발치에 앉겠습니다. 말씀을 듣고 새겨 실천하겠습니다.

보시니 좋으셨던 모습으로의 회복을 약속합니다. 길이요 진리요 생명이신 주님을 믿고 또 믿어 주님의 증인이 되겠습니다. '주님 안에 기뻐하라, 그분께서 네 마음이 청하는 것을 주시리라(시편37,4)' 그러므로 기쁘게 살겠습니다.

처음부터 끝까지 따스한 열정으로 이끌어주신 평화반 봉사자

루시아 님, 고맙습니다. 서로 격려하며 공부했던 세례자 요한, 사비나, 레지나 형제자매님들, 그리고 밤늦도록 복도 건너편 방에서 함께 공부하시던 분들께도 고맙다는 말씀 드립니다. 말씀과 더불어 저희는 일치를 이루었다고 고백합니다. 주님 안에서 함께 배우고 묵상하고 실천하며 하나가 되었습니다.

주님, 희망의 씨앗이 싹트고 자라 이렇게 열매를 맺은 우리들, 은총 속에 산 이날들을 기억하겠습니다. 오늘처럼 내일도 모레도, 그다음 날도 기쁨과 평화를 누리겠습니다. 임마누엘, 함께하시는 주님, 어린아이의 마음으로 살기를 청하오니, 날마다 강복하소서. 아멘!

(2016. 9. 『창작수필』 103호)

3

별을 헤아리며

갓 피어난 수선화는 신선한 충격이며 상큼한 위로다. 외로운 마음을 일으켜 세우는 활력소다. 어쩌면 오늘 밤 우리 둘은 꿈속에서 수선화 만개한 들판을 거닐 수도 있겠다. 수선화. 그래, 한때 샤론 뜰에 갓 핀 수선화 같았던 너와 나. 머나먼 기억을 되살려 당당하자. 의연히 버티고 서자. 비탄을 벗고 웃자. 더 밝게, 더 환하게. 수선화처럼 스스로를 아껴주자. 나를 사랑하자.

봄길을 걸으며

- 고통도 축복이더라, 지나고 나면

바람이 거칠다. 벌써 사흘째, 춘분을 앞둔 꽃샘추위가 매서워 웅크리고 있으려니 갑갑하다. 자꾸 밖을 내다본다. 아무래도 좀 걸어야 할 듯. 휘모는 바람과는 달리 나긋나긋해 보이는 볕을 핑계로 집을 나선다. 파카에 목도리도 둘렀지만 목이 절로 움츠러든다. 괜히 나왔나, 봄을 이기는 겨울은 없다는데…. 투덜투덜, 바람을 외면한 채 걸음을 재촉한다.

멈칫, 발이 멎는다. 길섶에 방긋 웃는 꽃, 민들레다. 봄, 봄이다. 겨울을 견디고 핀 꽃이다. 겨울이 두 손을 들고야 말았구나. 꽃 앞에 쪼그려 앉아 수인사를 나눈다. 반갑고 기특하다. '멋짐, 근사함, 대단함!' 명사형 칭찬을 퍼부으며 검불을 치워주고 기우뚱한 고개도 펴준다. 꽃에게 이해인 님의 시, 「민들레의 영토」를 들려준다.

기도는 나의 음악
가슴 한복판에 꽂아 놓은
사랑은 단 하나의
성스러운 깃발

태초부터 나의 영토는
좁은 길이었다 해도
고독의 진주를 캐며
내가
꽃으로 피어나야 할 땅

애처로이 쳐다보는
인정의 고움도
나는 싫어

바람이 스쳐가며 노래를 하면
푸른 하늘에게
피리를 불었지

태양에 쫓기어
활활 타다 남은
저녁노을에
저렇게 긴 강이 흐른다

당신의 맑은 눈물

내 땅에 떨어지면
바람에 날려 보낼
기쁨의 꽃씨

흐려오는 세월의 눈시울에
원색의 아픔을 씹는
내 조용한 숨소리

보고 싶은 얼굴이여

봄을 만나 봄길을 걷는다. 어깨를 펴고 팔을 흔들며 기운차게, 민들레처럼. 바람도 싫지 않다. 봄이니까, 볕은 부드럽고 민들레도 피었으니까. 봄 햇살 같은 이해인 클라우디아, 구름 수녀님을 생각한다. 어느새 뵌 지 1년, 건강은 좀 어떠신지. 맑고 따스한 눈길, 환한 미소가 그립다.

2016년 4월, 화창한 토요일 오후, 첫 시집 『민들레의 영토』 출판 40주년을 기리는 특별한 자리. 좌석을 가득 채운 청중의 환호에 활짝 웃으시는 그분. 수도자로, 시인으로, 아프고 외로운 이들과 함께하시는 분. 밝은 모습은 여전하시다. 내 마음에도 함박웃음이 번진다.

"감동의 눈물은 많이 흘렸으나 내 아픔 때문에는 울지 않았어요."

혹독한 유명세를 치르신 분이다. 갖가지 악플과 오해의 고통을 얘기하며 웃으시니 속 깊은 미소다. 고희를 넘긴 지금도 극한의 통증 때문에 치료받으시는 분께서 고통이 무엇인지를 극명하게 깨닫는 중이라며 또 웃으신다. 만면의 미소다.

긴 투병생활 동안 '고통도 축복'이라는 말을 가장 많이 들었다며 싱긋 웃으시니, 의미심장하다. 그러나 무엇보다도 큰 수술을 받은 후 고(故) 김수환 추기경께서 해주신 말씀, "그 아픈 걸 잘 견디고 있으니, 수녀, 정말 대단하다."는 칭찬에서 가장 큰 위로를 느끼셨다며 또 웃음. 아주 따스한 미소다. 나도 따라 웃으며 고개를 끄덕인다. 사람은 칭찬에서 위로받고 힘을 얻는다. 정말 그렇다.

"힘들 때는 견디세요. 아픔과 함께 사세요. 산티아고를 걷는 마음으로, 내면으로 여행하며 관상(觀想, contemplation)하세요. 어느 순간, 고통이 축복이라는 것을 깨달을 겁니다."

나직하나 확신에 찬 목소리가 가슴으로 스며든다. 고통은 축복이라는 메시지가 매우, 무척 강하다. 반드시 견뎌내라는 주문이며 명령이다.

그러나 나는 이 말을 선뜻 하지 못한다. 그 무게를 감당하기가 얼마나 힘든지 알기 때문이다. 대신 고통을 견디는 이를 위해 시간을 낸다. 되도록 자주 만나 근황을 묻고 노고를 칭찬한다. 같이 먹고 함께 웃으며 그를 응원한다. 관심을 기울인다. 환해진 그의 얼굴에서 희망을 읽는 것은 얼마나 기쁜 일인지! 고난에 맞서 각고의 노력을 기울이는 이는 칭찬받아 마땅하다. 그렇지 않은가.

솔직히 폭풍처럼 들이닥친 고통을 축복이라 여기지 못했다. 당황했고 슬프고 아팠다. 가까스로 마음을 추스르며 기도했다. 극복할 힘이 필요하다고 간절히…. 그리고 견뎠다. 힘든 고비마다 격려와 위로, 도움의 손길이 있었다. 마침내 고난은 과거의 일이 되고, 그때 알게 되었다. 매일처럼 은총이 쏟아졌던 것을. 그랬다. 고통은 축복과 함께였다. 겪은 후에 깨달아 더 빛나는 말, '고통도 축복이었다.'

…해바라기 꽃처럼 살고 싶어라, 해바라기 마음으로 살고 싶어라…

임의 시가 낭송된 후, 모두 함께 시에 곡을 붙인 노래를 부르며 율동한다. 시인도 불편한 몸을 일으켜 춤추신다, 사뿐사뿐, 나비처럼. 고통을 축복으로 바꾸고 그것을 나누는 이의 모습이다. 한마음으로 기도한다, 수녀님이 우리 곁에 오래오래 머무르시기를. 모든 고통이 축복으로 바뀌기를!

짧지만 따스했던 시간을 생각하며 걷는 봄길, 매운바람도 그저 정겹기만 하다. 그래, 봄은 이렇게 오더라. 반드시 오더라. 그러므로 현재에 감사하자. 고통이 다시 오면 또 극복하자, 겨울을 견딘 민들레가 봄을 만들 듯이. 힘든 시간을 보내는 이에게 봄바람이 되어주자. 봄 햇살이 되어 그를 웃게 하자.

깊이 뿌리내린 나의 영토에서 오늘, 또 내일을 살자. 민들레의 마음, 해바라기의 마음으로.

(2017. 『창작수필』 104호)

쑥쑥이가 옵니다

길이 50센티미터, 토끼를 닮은 헝겊인형, 이름은 '잠잠이'입니다. 앙증맞은 귀, 동그란 눈, 귀여운 코와 입을 가진 애착인형. 제가 직접 만들었답니다, 우리 '쑥쑥이' 주려고 바느질을 무척 꼼꼼하게 했지요. 아, 네, 쑥쑥이는 제 딸이 품고 있는 태아의 호칭입니다. 건강하게 잘 자라라고 지은 태명이죠. 아기를 보듬는 마음으로 인형을 품어봅니다. 보송보송, 포근포근, 감촉이 좋습니다.

어렸을 때는 두꺼운 도화지에 눈 크고 팔 벌린 인형을 그리고 오려서, 색종이 옷을 입히며 놀았습니다. 딸들을 키울 때에는 예쁜 인형을 사주었지요. 만들어줄 생각은 해본 적 없었습니다. 그런 제가 딸의 아기를 위해서 바느질을 했네요.

결혼한 지 2년쯤에 한 차례 힘든 일을 겪은 딸 내외. 그 후로도 1년 가까이 소식이 없자 의학의 힘을 빌리기 시작하더군요. 인공수정 몇 차례, 그리고 시험관아기도 연달아 시도합니다. 의사의 지시대로 저는 매일 아침 딸에게 호르몬 주사를 놓아주고, 마음자리 살펴가며 덕담을 건넵니다. 안쓰러운 마음은 꾸욱 눌러두고요. 해줄 수 있는 게 그것뿐이니까요.

주사의 부작용으로 딸의 체중이 조금씩 늘어납니다. 딱딱하게 뭉친 주사 부위는 아프다 하고요. 시술의 여파에도 불구하고 무한긍정인 딸, 아주 씩씩합니다. 어미 속은 쓰리다 못해 타드는데 말이죠. 1년쯤 그렇게 지내던 지난 10월, 당분간 좀 쉬는 게 어떠냐고, 참았던 말을 쏟아내고 맙니다. 그제야 저도 그러고 싶었다며 속을 털어놓더군요. 그동안 얼마나, 얼마나 힘들었을까요.

바로 다음 달, 소변 테스트의 반응이 수상쩍다며 병원에 간 딸이 사진 한 장을 가족 채팅방에 올립니다. 0.2센티미터, 아직 '한 개의 점'에 불과하지만 분명 '아기'랍니다. 집에 온 딸을 덥석 안습니다. 세상을 다 가진 얼굴에 눈물이 그렁그렁, 제 뺨에도 눈물이 흐릅니다. 4년 만에, 그것도 자연적 임신. 그럴 수도 있다더니, 그런 일이 일어났습니다. 감사, 또 감사하고 정말 기쁩니다.

둘의 건강을 제가 직접 챙깁니다. 새 생명과 내 딸을 위한 일을 누구에게 맡기겠습니까. 입덧도 무난히 넘기고 어느새 배도 봉긋해지고 태동도 활발합니다. 매일 식단을 바꿔가며 마음을 씁니다. 오물오물 남기지 않고 먹는 딸이 얼마나 예쁜지요. 고기는 별로 당기지 않는다면서도 딸기는 줄기차게 찾으니, 혹시 '아가씨'인가 하는 상상도 해봅니다.

아담한 상자 하나가 딸 앞으로 배달됩니다. 퇴근 후에 그걸 열어본 딸이 "예쁘다, 예쁘다!" 감탄하네요. 아기용품 재료, 태교를 겸한 바느질이 요즘 젊은이들 사이에 인기라지요. 기성품을 마다하고 제 손으로 만들겠다는 마음이 대견합니다. 웬걸, 말은 끝까지 들어보아야 한다지요. 저는 배냇저고리와 초점 책을 만들 테니, 이건 엄마가 맡으시라며 상자를 제 앞으로 쓰윽 밉니다. 으응, 뭐라고?

상자 속을 살펴봅니다. 크고 작은 천 조각들과 구름솜 한 뭉치, 단추 둘, 실과 바늘이 설명서와 함께 들어 있네요. 몽글몽글한 솜을 만져보고, 벚꽃 빛깔의 타월 천을 얼굴에 대봅니다. 아기의 보드라운 살결에 닿은 듯, 사르르 눈이 감기네요. 구름 위를 걷는 마음입니다.

바느질을 하는데 모양이 자꾸 틀어집니다. 마름질이 잘되어 있어 간단할 것 같았는데…, 무뎌진 손끝 때문이겠지요. 가물가물하며 시큰거리는 눈을 부릅뜨고 다시 몸판 두 장의 뒷면을 반듯하게 맞대고 시칩니다. 마음을 가다듬고 집중, 솜 구멍만 남기고 촘촘히 박음질합니다. 혹시라도 솜이 빠져나올까, 두 바퀴를 돌리려니 꽤나 시간이 걸리네요. 몸판을 뒤집고 그 속에 솜을 비벼가며 넣다가, 부피가 적당하다 싶을 때 마무리하고는, 귀와 앞다리, 뒷다리를 만들어 붙이니 토끼 모양이 갖춰집니다.

이제 얼굴. 그런데 이게 만만치 않군요. 단추를 달아 눈을 만들고 코와 입은 색실로 스티치하라는데 말만 쉽지, 한 땀 삐끗하니 이상해집니다. 신경을 곤두세우고 신중하게 바늘을 옮깁니다. 예뻐야 아기가 좋아할 테니까요. 손재주 좋다는 소리를 듣던 저이건만, 땀이 등을 적시고서야 귀여운 표정이 살아납니다.

'LOVE'를 공들여 수놓은 하트 모양 장식을 두 손에 들려 가슴에 붙입니다. '쑥쑥이'라는 세 글자를 엉덩이에 새겨 넣으니 인형이 완성됩니다. 눈이 지물거려 쉬어가며 하느라 사흘 품이 들었지요. 손가락에 빼꼭하게 난 바늘구멍들 때문에 따끔거리지만 괜찮습니다. 흐뭇! 할머니 노릇 한번 제대로 해낸 것 같습니다.

애착인형, 아기가 자라면서 느끼게 될 분리불안을 덜어준답니다. 할머니의 품처럼 포근한 느낌을 줄 것이라니, 좋은 선물이 될 것 같습니다. 그런데 쑥쑥이에게는 제가 있지 않습니까. 설마 이 할미보다 잠잠이를 더 좋아할까요? 하하, 인형을 질투하다니, 참 못났습니다.

아직은 4월, 석 달만 더 지나면 쑥쑥이가 옵니다. 정현종 시인이 노래했듯 '한 사람의 일생'이 오는 거지요. 한 생명의 '과거와 현재와 미래가 오는' 어마어마한 날을 기다립니다. 잠잠이와 함께.

(2017. 『창작수필』 105호)

마이 뉴 달링, 쑥쑥이가 왔다

쑥쑥이가 왔다. 기다리고 기다리던 아기다. 퇴원하는 날, 손녀를 안은 순간순간 세상은 온통 금빛은빛이었다. 집으로 향하는 차 속에서 품속의 아기에게 맹세했다. 기꺼이 충성하겠노라고.

마이 뉴 달링, 기다리고 기다리던 아가야. 아침의 나팔꽃, 저녁의 분꽃 같구나. 싱그럽고 어여쁘구나. 분명 오늘은 어제와는 다른 날. 너로 인해 더 밝고 더 환해진 세상을 우리 함께 가꾸자. 마이, 마이 뉴 달링, 쑥쑥아.

– 키나, 기특한 내 딸

마침내 키나는 그토록 고대하던 엄마가 되었다. 1박 2일의 산고, 스물하고도 몇 시간 동안 두려움과 고통을 견뎌낸 딸.

움푹 꺼진 눈, 땀에 젖은 창백한 얼굴로 미소 지으며 자랑스러워했다. 너무 위험해서 수술실로 이동하겠다는 선언을 들은 그 긴박한 순간, 오직 아기만 생각하며 죽기 살기로 힘써 순산(?)했다며.

그럼, 그럼, 자랑스럽고말고. 마음껏 환희를 누리렴. 하지만 이제부터가 진짜란다. 충분한 휴식을 취한 후에 엄마로서의 길을 잘 걸어가야 해, 결코 쉽지 않은 길, 각오는 되어 있으렷다. 도와줄게. 내 기특한 딸, 네가 좋은 엄마가 될 거라고 100퍼센트 믿어. 키나는 내 딸이니까.

– 예쁜 내 사위, 보콩이

마음 여린 사위, 보콩이. 태교도 열심히 하고, 그 커다란 손으로 배냇저고리를 꿰매며 아빠 될 날을 기다려왔다. 아기가 태어난 순간 눈물을 쏟았다는데, 마지막 힘을 주는 아내의 표정이 너무나 숭고해서였다니. 보고 또 보고, 아기를 들여다보느라 밥 생각도 잊어 단숨에 딸 바보로 등극했다. 근무지가 지방이기에 집에 오는 날이면 휑했던 자리를 채우느라 온 얼굴에서 땀이 뚝뚝 떨어진다. 서툴지만 진지한 새내기 아빠의 모습이 그저 귀엽다.

귀여운 보콩이. 어쩌면 그렇게 충실한지…. 이모들의 아낌없는 칭찬에 괜히 내 어깨가 으쓱했지. 행복을 가꾸며 꿈을 이루어가는 모습, 기쁨으로 지켜보겠네. 우리 사위, 아빠 된 것, 다시 한 번 축하하네.

– 키지, 내 예쁜 딸

키지가 달라졌다. 아침에 아주 일찍 일어난다. 조반을 먹는 둥 마는 둥 휭하니 내달리는데 오로지 출근 전에 조카님께 문안을 드리기 위해서다. 자칭 '쑥쑥이의 노예'인 이모는 아기 앞에 쪼그리고 앉아서 '제발 눈 한 번만' 떠보라고 애원한다. 퇴근 후에도 씻고 갈아입고 달려가 옷이며, 모자, 신발, 양말 같은 공물을 바친다. "만두, 만두, 우리 꽃만두, 맛있게도 생겼지." 하며 안고 어르며 어쩔 줄 모른다.

우리 따님, 그대도 그런 고임을 받았지. 첫 조카에게 바친 이모들의 사랑을 기억하겠지? 받은 대로 주는 모습이 참 예쁘구나. 사랑은 그렇게 내림으로 전해지는 것.

– 할아버지가 된 내편

나이 일흔에 할아버지가 되어 손녀 근처를 자꾸 기웃거리지만 안거나 만지지 않는다. 아니, 못 만진다. '손이 깨끗지 않다, 몸에서 땀내가 난다'며 아기의 발끝에 손을 스치듯 대볼 뿐이다. 퇴원하는 날 병원 복도에서 아주 살짝 안아본 게 전부다. 딸들을 기를 때에도 밖에서 돌아오면 씻고 옷을 갈아입고서야 안던 사람이다. 그 결벽성에 아기를 떨어뜨릴지도 모른다는 두려움이 겹친, 이 소심한 초보조부(初步祖父)를 어쩌겠는가. 쪼꼬미가 얼른 커서 제가 먼저 할아버지에게 안겨들기를 바랄 뿐. 여보, 조금만 더 기다리세요. 쑥쑥이가 무럭무럭 자라고 있어요.

– 내 여동생들

동생들이 나섰다. 언니는 몸이 약해서 절대로 산간(産看) 못 한다며 나선 키나의 이모들. 넷 중 육아상담 전문가인 둘째와 아기돌보미 자격증이 있는 데다 음식솜씨 뛰어난 셋째가 뭉치니, 출산 후가 일사천리다. 조리원에 갈까 말까 고민할 필요도 없었다. 아프리카 속담에 '한 아이를 키우는 데 온 마을이 필요하다'지만 당분간은 걱정이 없다. 키나는 복도 많다, 대단한, 아니 최고의 이모들을 가졌으니. 아니, 내가 복이 많은 건가, 굉장한 동생들을 두었으니.

든든한 내 동생들. 조카들을 그렇게도 예뻐하더니, 이제 조카의 아기까지 돌봐주네. 그 고운 마음, 지극한 사랑을 잊지 않을게.

– 행복한 할머니

TV도 신문도 안 본 지 오래다. 포장도 안 뜯은 책들이 쌓여간다. 살림도 대충대충, 틈만 나면 딸네 집이니, 몸을 푼 딸과

갓 태어난 손녀가 거기 있어서다. 산모의 회복을 돕고 세상에 적응 중인 쑥쑥이를 들여다본다. 아기의 눈짓에 웃고 손짓발짓에 또 웃는다. 웃음이 늘고 말도 많아졌다. 언니가 언제부터 수다쟁이가 되었느냐며 동생들이 놀리고, 주변에서 손주 키워 봐야 소용없다 하지만 귀에 들어오지 않는다. 씻기고 먹이며 그저 즐겁다. 안아주고 어르며 그저 행복하다.

어느새 한 달. 꿈처럼 흐르는 시간 속에 움쑥움쑥, 아기는 봄풀 자라듯 큰다. 쑥쑥이를 보면, 아니 생각만 해도 가슴이 뛰고 힘이 솟는다. 아기가 얼마나 큰 기쁨을 주는지, 얼마만한 행복의 원천인지…. 그런데 금방 보고 왔는데 또 보고 싶은 이 마음을 어쩌면 좋을까.

오, 마이 뉴 달링, 기다리고 기다리던 쑥쑥이가 왔다. 아침의 나팔꽃, 저녁의 분꽃 같은 아기, 손녀가 왔다.

(2017. 『창작수필』 106호)

지안이의 백일

푸른 하늘 아래 빛 고운 잎들이 바람결 따라 곡선을 그린다. 어느새 절정을 향하는 가을날, 손녀 지안이가 백일을 맞는다. 첫 목욕 때 쪼끄만 손으로 내 옷섶을 꽉 잡고 울던 아기가 지금은 발장구치며 목욕을 즐긴다. 화살처럼 지나간 시간을 돌아본다.

출산 후 열흘이 지나고서야 젖이 돌기 시작한 딸. 우유 맛에 익숙해진 아기는 한사코 엄마 젖을 거절하니, 어째 이런 일이! 젖을 물리려 하면 어미의 가슴을 손으로 밀어내고 몸을 뒤로 젖히며 자지러진다. 가엾다. 울어대는 아기를 안고 쩔쩔매는 산모 또한 애처롭고 안타깝다.

젖을 손으로 짜 먹이고, 스푼 수유, 컵 수유까지 시도했으나 실패다. 현직 육아 지도 선생인 내 동생도 '요런 깍쟁이'는 처음 보았단다. 할머니 삼총사의 갖은 노력에도 불구하고 석 달 만에 젖이 말라버렸다. 애석하지만 최선을 다했으니 되었다, 딸의 등을 토닥였다.

이번엔 밤낮이 바뀌었다. 생후 16일 만에 간염 백신을 맞고 온 아기는 연이틀 늘어지더니 그예 밤낮이 바뀌었다. 낮에는 먹지도 않고 한밤중처럼 자다가, 밤이면 먹여놓아도 눈을 환히 뜨고 보채니 어쩌나. 소아과 경력자인 나도 실제로는 처음 겪는 일, 묘책이 없는 현상에 당황했다.

며칠 동안 관찰한 후에 꾀를 냈다. 낮에는 어쩔 수가 없으니, 대신 밤에 잠을 깨기 전에 먹여보기로 한 것. 시간을 보아가며 잠든 상태에서 수유했다. 그렇게 열흘 정도 밤을 꼬박 새운 끝에 낮과 밤을 되돌렸다. 만세! 호된 몸살을 치르고 얼굴에 거뭇한 그늘도 생겼지만 밤의 고요가 기쁠 따름이다.

한동안 영아가 까닭 없이 보랏빛으로 변하며 요란하게 울고 보채는 '퍼플 크라잉'으로 초보부모를 긴장시키더니, 요즘엔 심한 잠투정으로 밤마다 비상사태지만, 이 또한 지나가려니 한다. 잘 먹고 잘 웃고 잘 놀고 잘 잔다. 연분홍빛 얼굴이 똥글똥글, 초롱초롱한 눈도 똥글똥글, 귀엽다. 육아상담 때 잘 크는지 궁금해하자 의사선생께서 "아기 얼굴을 보세요." 하더란다. 하긴 처음에 52센티미터, 3.65킬로그램이었는데, 지금은 62.5센티미터, 7.4킬로그램이니…. 첫 석 달, 폭풍성장기를 잘 보낸 것 같다.

백일을 맞아 교자상을 펼치고 은빛 식탁보를 펼친다. 오래 간직해온 찬합과 목기를 꺼내어 닦는 까닭은 전통을 소중히 여기라는 뜻이다. 백설기 대신 순백의 크림이 덮인 무화과 케이크를 상에 올린다. 무화과가 품은 '풍요'와 '깊은 신앙심'이란 뜻을 새기며. 출생 때 호흡장애를 겪었으니 튼튼한 폐를 기원하는 기정떡, 무병하라고 수수경단, 복을 받으라는 찹쌀떡을 찬합에 담아낸다.

사과, 포도, 대추에 귤과 홍시, 그리고 찐 계란을 목기에 담으며 기원한다. 힘차게 뻗는 사과나무 가지처럼 강건하라고, 포도나무처럼 유연하고 포도주처럼 향기로운 사람이 되라고. 꽃마다 열매를 맺는 대추나무처럼 야무지고 향 고운 귤처럼 주변을 이롭게 하라고. 감나무의 칠절오덕(七絶五德)을 배우고 가지가 잘 부러지는 감나무에 오르듯 매사에 신중하라고. 계란처럼 내면에 충실하여 가치 있는 사람이 되라고. 그리고 손녀를 생각하며 지은 시 「아가야, 너는」을 적은 카드를 놓는다.

아가야, 네가 오는 길목
너를 맞으러 가는 그 길에
단풍나무 사이로 푸른 하늘 우러러

배롱꽃구름 피어오르고
낮은 울타리를 따라
새로 핀 무궁화도 눈부셨지

아가야, 너는 오롯이 피어난
싱그러운 나팔꽃, 아침을 열고
어여쁜 분꽃, 저녁을 밝히며
빛나는 보석 한낮의 채송화다
아가야, 너는
얼음장 들추는 복수초
봄을 여는 첫 제비꽃
여름을 버티는 백일홍, 맨드라미다
들판의 코스모스, 키 높은 해바라기
가을이 이울도록 향 고운 국화
세상의 모든 꽃이다

아가야, 나는
소담스런 뜰의 겸손한 일꾼
가꾸고 북돋우며 성실하게 돌보리니
지안아, 너는 장미, 작약, 나리꽃
세상의 온갖 꽃으로
아름답게 피어라

손녀의 첫 모습이 떠오른다. 녹색 소독보에 누워 버둥대며 울던 신생아. 제 조그만 두 손을 어찌어찌 모아 쥐더니 울음을 뚝 그치고는 통통 부은 눈을 뜨고 주위를 살피는 게 아닌가. 맞잡은 제 손에 의지하여 진정하는 모습이 어찌나 사랑스럽던지, 어찌나 대견하던지!

이제 겨우 백일. 뒤집기 한판에 의기양양한 꼬맹이일 뿐이지만 내일의 손녀는 스스로의 두 손을 맞잡던 첫 모습 그대로, 제힘으로 잘 살 것이다. 사랑한다, 지안아!

(2017. 『창작수필』 107호)

봄을 캐는 옥인 씨

"나, 내일 서울 갈란다."

전화기에서 울려 퍼지는 소프라노 음색, 옥인 씨, 우리 엄마다. 모처럼 풀린 날씨에 산보 가셨다가 냉이를 캐셨단다. 그 소식에 봄이 달려와 내 품에 안긴다. 그런데 냉이뿐일까. 달래도 씀바귀도 몇 움큼, 어쩌면 쑥 향기까지…, 소올솔 코끝을 간질이는 봄내음. 내일은 냉이와 달래를, 아니 봄을 먹을 수 있다. 새봄이 담긴 엄마의 바구니를 기다린다.

봄나물 소식에 또 고향이 그립다. 아릿한 남풍에 가리산 귀퉁이가 파릇해지면 내 마음에도 햇순이 돋아났지. 동무들 따라서 들로 산으로, 보리밭 이랑을 뛰어다니며 놀던 그날이 그립다. 봄까치꽃, 민들레가 반겨주던 밭둑, 냉이, 쑥, 씀바귀들을 캐던 들판이 그립다.

진달래꽃을 따 먹고 해바라기를 하던 볕바른 산비탈. '진달래는 먹는 꽃, 먹을수록 배고픈 꽃…'이라며 조연현 시인의 시 「진달래꽃」을 노래하고 해 기울도록 제비꽃을 찾던 일도 기억에 또렷하다. 아득히 멀어진 날들. 영자, 행자, 삼순이, 동무들 이름을 떠올리며 콧등이 시큰하니, 어느새 나도 추억을 먹고 사는가.

봄바람에 손등 터가며 해종일 캔 나물을 쓰레기통에 쏟아버리시던 엄마. 쓰잘데없고 더럽다며, 다시는 가져오지 말라 꾸중하셨다. 내 딴에 엄마를 돕는다고 우쭐했다가 얼마나 낙담했던지. 그 후에도 번번이 거절당한 나는 나물 캐기를 그만두었다.

가끔 나물을 캐러 가시는 엄마를 따라가도 꽃이며 나비를 좇고 네잎 클로버를 찾았다. 초록 물결 찰랑이는 보리밭을 바라보다 책을 읽었다. 동화책 몇 장 넘기는 사이에 엄마의 바구니에는 나물이 수북수북 쌓이곤 했다. 그걸 곁눈질하며 생각했다. 엄마의 눈과 손은 빠르기도 하다고. 잡풀 사이에서 나물을 빨리도 찾아내고, 얼른 캐서 곧바로 다듬어 차곡차곡 담으신다. 그 민첩하고 섬세한 동작에 반하여 눈을 떼기 어려웠다.

나물에 대한 애착이 대단하신 엄마, 산나물을 뜯으러 가서 길을 잃은 적도 있다. 두타산 기슭에서 나물을 뜯던 엄마는 다음 날 오후 청옥산 중턱에서 발견되셨다. 더 좋은 나물을 찾아다니다 험준한 산속에서 얼마나 애쓰셨던지, 실려 간 병원에서 급성충수염으로 응급수술을 받으셨다. 그 와중에도 나물보퉁이만은 꼭 안고 계셨던 엄마. 그 후로도 나물에 대한 애착은 변함없으니, 그 고유한 애정을 인정할 밖에.

바지런하고 일 욕심 많아 농가의 살림밑천 노릇을 톡톡히 한 엄마, 한가할 때면 즐겨 들에 나가셨다. 드넓은 앞벌에 소를 매어두고 개울가며 산과 숲에서 나물을 캤는데, 그 마음속에는 모친을 잃은 슬픔이 고여 있다. 모녀가 함께 장티푸스를 앓았고, 출산 직후라 허약했던 내 외할머니는 눈을 감지도 못하고 세상을 떠나셨다. 살아남은 일곱 살 옥인이는 그 아픔을 들과 산을 쏘다니며 견뎠다. 속이 후련해지는 느낌에 자꾸 나가다 보니 들의 소출도 잘 알게 되신 게 아닐까.

아버지 돌아가신 직후에 고향을 떠나신 지 십여 년. 이주 초기의 심한 우울증을 들과 산자락을 거닐며 극복하시더니, 몇 해 전부터는 작은 밭을 빌려 경작하신다. 그 밭의 삼십여 가지 작물 곁에는 우리 칠남매의 웃음도 자란다. 흙을 매만지는 손끝에 조랑조랑 달리는 것들, 많든 적든 철마다 새로 난 것들을 나누며 피우는 웃음꽃, 얼마나 예쁜지!

긴 겨울 빈 들에서 냉이농사를 짓는 엄마, 농법은 간단하다. 영근 씨앗을 채취해 가을걷이 끝난 빈 밭에 훌훌 뿌리는 게 끝, 이제 기다렸다가 언 땅이 녹기 시작할 무렵 낮추었던 몸을 일으키는 냉이를 캐기만 하면 된다. 목소리가 낭랑하니 이번에도 풍작인가 보다. 지혜롭고 바지런한 농사꾼 덕에 올해도 냉이를 넉넉히 즐기겠다.

가끔 엄마와 함께 상추, 치커리, 쑥갓들을 따러 가서도 나는 이파리 서너 장 뜯는 둥 마는 둥 하곤 밭둑에 주저앉는다. 엄마의 솜씨에 잠시 찬사를 보내다가, 바구니가 반쯤 찰 때부터 그만 가자고 조른다. 그 옛날, 내 나물을 몽땅 버리신 일에 때늦은 항의(?)를 하는 것. 하지만 엄마는 딸의 투정을 못 들은 척, 눈과 손을 더 재게 움직이실 뿐이지만.

옥인 씨가 캔 봄나물로 가득할 내일의 밥상을 떠올린다. 통통하게 살진 냉이무침에 냉잇국. 씀바귀김치에 달래장 넣어 비빈 밥. 게다가 포슬포슬 향긋한 쑥버무리까지…, 아주 근사할 밥상 생각에 군침을 삼킨다. 잠을 설친다. 비록 고향 땅의 소출은 아닐지라도 바구니에 담겨 올 새봄을, 새봄을 누릴 내일을 기다린다. 나 또한 냉이를 좋아하기에, 아니 애착하기에.

(2018. 『창작수필』 108호)

동락(同樂), 그 자리에 다시

소피아, 생각나니? 삼청터널을 지나 좀 더 가서 거기, 그래, 성북동, 작년 6월 이맘때 네가 가자고 했던, 갈빗살 부드럽고 냉면 삼박한 그 면옥집 말이야. 그날 그 식당 2층, 넓은 창가에 앉아 깔끔한 실내를 둘러보았지. 그런데 창밖의 풍경이 눈에 익어 고개를 갸웃거렸어. 익숙하다, 익숙하다…. 이 낯익은 느낌, 뭘까 했어.

한 친구가 손뼉을 치며 말했지. "어머머, 여기가 바로 거긴가 봐!" 아아, 그 순간 생각났어. '동락(同樂)', 곧 '함께 즐기자'는 뜻을 지닌 식당, 바로 그곳이었네. 봄이면 창 너머 산등성이를 덮는 진달래와 벚꽃이 어우러진 경치를 보러 갔지. 정갈한 한정식도 일품이었던. 주인이 직접 수집해 진열해둔 도자기들과 서화를 감상하는 건 덤이었고. 그래, 몸보신, 눈보신에 마음까지 살찌던 곳이지.

놋접시에 담긴 정갈한 밑반찬에 슴슴하니 푸욱 익힌 김치찜이 입에 당기던 곳, 동락. 어느 봄에는 집안 어른들 모시고 아이들도 함께 갔었지. 향긋한 송이덮밥에 알큰한 게찌개를 홀린 듯 먹었어. 어른들은 흐드러진 봄꽃을 즐기고, 아이들은 각양각색의 도자기를 신기해했지. 지금도 그 장면이 눈앞에 선하네.

그런데 몇 년 전 어느 날 주인이 그 약속의 간판을 내려버리고 강원도 어딘가로 훌쩍 떠났다 했어. 까닭을 알 수 없어 더 서운했지. 그곳에 모시고 갔던 어르신 몇 분도 그동안에 먼 길 떠나시고는 아주 까맣게 잊고 있었는데…. 1년쯤 전에 새사람이 들어 건물을 수리하고 냉면집과 카페를 열었는데 맛집으로, 명소로 소문난 거구나!

정답고 친숙한 것들이 자꾸 사라지는 참에 우연히 찾아든 정든 장소에서 감격했어. 뭉글뭉글 그리움이 솟구치더라. 하지만 여전한 풍광 앞에서 상념에 빠져들 여유는 누리지 못했지. 갈비찜과 냉면, 모듬전에 오색만두까지 서둘러 먹고는, 대기표를 쥐고 기다리는 사람들에 떠밀리듯 일어나 바로 옆의 카페로 갔지.

절벽에 매단 사다리를 연상케 하는 통나무 계단을 천천히 걸어 내려가는데 산과 계곡이 눈 속으로 다가드는 거야. 참 근사했어. 좀 전의 아쉬움은 사라지고, 창마다 6월의 진경을 걸어놓은 다층 구조의 카페에 마음을 빼앗겼지. 갓 구운 빵 냄새, 신선한 커피 향기와 초록이 쏟아지는 감각적 공간에 세속을 벗어난 기분이었어.

탁 트인 공간에 피카소, 세잔느, 고흐의 작품을 모사한 것과 실험적인 젊은 그림들이 뒤섞여 걸리고, 큰 탁자와 아기자기한 패브릭 의자와 소품들이 생기를 뿜어내더군. 귀여운 진흙 인형이 놓인 테이블을 포기하고, 초록빛에 이끌려 테라스로 나갔지.

파라솔 그늘에서 아메리카노, 카페라테, 레몬그라스 차를 마셨어. 생크림 팡도르를 한입 문 너는 입가에 설탕가루를 묻힌 채 활짝 웃었지, 새로 시작한 치료 결과가 매우 만족스럽다며. 얼마나 기다리던 말이니! 초록으로 반사되는 햇빛과 골짜기의 바람에 안겨 어린애들처럼 웃음꽃을 피웠구나. 해거름에야 자리에서 일어났지. 벚꽃 필 때 다시 오자고, 다사로운 위로가 머무는 이 테라스를 다시 찾자고 약속하면서.

그랬는데, 가을로 접어들며 조금씩 야위던 너는 함박눈 나풀거리던 날 훌쩍 떠나가버렸구나, 희미한 미소만 남기고. 3년 동안 씩씩하게 잘 버텼는데, 그래서 꼭 나을 거라 믿었는데. 크리스마스이브에 네 예쁜 사진 앞에서 자꾸만 흐르는 눈물을 삼켜야 했어. 아주 슬픈 성탄절이었지.

마음까지 얼어붙은 그 겨울이 가긴 가더라. 마냥 허무하던 봄도 지나 어느새 다시 6월…. 그날 사진을 꺼내본다. 동락이 사라졌듯 너는 가고 없는데, 약속의 말은 겨울 고드름처럼 가슴에 매달려 있구나. 그곳에 가면 많이 슬플까? 그렇더라도 약속은 지키고 싶은데, 지금은 용기가 나지 않네. 하지만 꼭 가서 우리들의 웃음소리를 찾아볼게. 너를 떠올릴게.

소피아, 부디 평안하렴. 30여 년 함께한 나날을 잊지 않을게. 아픔도 기쁨도 기꺼이 나누었던 내 친구야, 안녕, 안녕….

(2018. 『창작수필』 109호)

별을 헤아리며

늦은 밤, 성경 책장을 넘기다 발견한 파란색 글자들. 'Number the Stars(별을 헤아리며)', 책 여백에 쓰인 글귀에 가슴이 뭉클하다. 시편의 한 구절인 '별들의 수를 정하시고 낱낱이 그 이름을 지어주신다.(147.4)'의 일부로 하느님께서 별을 하나하나 헤아려 이름을 짓듯이 사람을 사랑하고 돌보신다는 뜻인데, 미국 작가 로이스 로리(Loise Lowry)가 소설 제목으로 차용했다.

몇 해 전에 뭉쳐 다니던 영어동아리에서 그 소설을 함께 읽었다. 잔잔하고 서정적인 문장과 생생한 묘사로 행간마다 긴장이 넘치는 글이다. 인간의 가치와 존엄성에 대한 특별한 울림도 있어 밤 깊은 줄 모르고 빠져들었고, 공부를 마친 후 성경책의 그 부분을 찾아, 메모를 써넣었다. 사람을 기억하고 돌보시는 손길에 감사하며 또박또박.

1943년 9월, 독일군 점령하의 덴마크 코펜하겐, 차분하고 영리한 열 살 소녀 안네마리 요한슨이 동생과 친구 엘렌 로센과 함께 학교에서 돌아오는데, 독일 병사가 말을 건넨다. 그는 금발인 자매는 제외하고 검은 머리의 엘렌에게만 관심을 보인다. 엘렌은 유태인, 두 소녀는 불안해진다.

며칠 후 나치의 유태인 재배치정책을 피해 로센 부부는 급히 집을 떠나고 안네마리의 엄마 잉게는 혼자 남게 된 엘렌을 집에 데려온다. 그날 밤 독일군이 집을 수색한다. 안네마리는 엘렌이 목에 걸고 있던 다윗의 별을 잡아채 감추고, 요한슨 씨는 앨범에서 2년 전에 죽은 큰딸 리제의 사진을 엘렌이라며 보여주고 위기를 넘긴다. 사진 속 어린 리제의 머리색은 엘렌과 똑같은 검은빛이었다. 이튿날 아침, 잉게는 세 아이를 데리고 고향인 북쪽 해안도시로 간다. 다가오는 위험을 피해.

아이들은 들에서 꽃을 꺾고 바닷가를 걷는다. 저녁에 헨릭 삼촌댁에 언니의 약혼자인 피터가 찾아온다. 가짜 장례식이 준비되고 관 주위에 엘렌의 부모를 포함한 유태인들이 모였는데, 피터가 시편을 낭독할 때 독일군이 와서 관 뚜껑을 열라고 한다. 그러나 전염병 환자의 시신이라는 잉게의 말에 멈칫하여 돌아간다. 관 속에는 바다의 추위를 막아줄 두꺼운 옷과 담요들이 들어 있었다.

피터는 사람들에게 옷과 담요를 나눠준 후, 로센 씨에게 수건 한 장을 따로 주고 급히 떠난다. 그날 밤 잉게는 사람들을 해안에 있는 헨릭의 배로 안내하고 돌아오다 그만 넘어져 다리를 다친다. 기다리다 찾아 나선 안네마리는 엄마를 부축해 돌아오지만…, 집 뜰에서 피터가 로센 씨에게 맡겼던 수건을 발견하고, 그것을 빵과 함께 바구니에 담아 들고 다시 캄캄한 숲길을 달린다. 독일군과 냄새를 잘 맡도록 훈련된 개들을 만나지만, 기지를 발휘해 위기를 넘기고 수건을 삼촌에게 전한다.

이튿날, 사람들을 무사히 스웨덴에 데려다주고 돌아온 헨릭은 안네마리에게 비밀을 알려준다. 그 수건에는 개의 후각을 마비시키는 약물이 묻어 있어 탈출에 꼭 필요했다고. 또 리제 언니와 피터는 레지스탕스 요원이었고 언니는 독일군에 의해 죽었다고….

이듬해 마침내 독일은 패전하고, 제 나라 국기가 나부끼는 광장에서 춤추는 사람들을 지켜보는 안네마리. 언니와 독일군에 잡혀 총살당한 피터를 추모하며 엄마가 하시던 말, 'It is what friends do.'를 떠올린다. 그리고 언니의 빛바랜 약혼드레스 속에 감춰두었던 다윗의 별을 꺼내 아빠에게 드리며 끊어진 줄을 고쳐달라고 부탁한다. 엘렌을 만날 때까지 자신의 목에 걸고 있겠다며.

친구를 위해 위험을 무릅쓴 가슴 따뜻한 사람들, 마음 부서진 채 뿔뿔이 흩어진 이들을 돌본 용감한 사람들의 이야기다. 지극히 평범한 사람들이 친구를 위해 용기를 내고 지혜를 짜냈다. 책을 읽는 내내 보이지 않는 손길, 사람을 사랑하는 절대적 자애를 느꼈다. 사랑과 정의는 살아 활발히 움직이며, 세상은 여전히 아름답고 살 가치가 있는 곳이다

'Fact가 끝나는 곳에서 Fiction이 시작된다.'고 저자가 고백했듯이 덴마크에서 살았던 친구의 이야기를 듣고 쓴 창작품이지만, 나에겐 모든 것이 실제인 듯하였다. 동심으로 돌아가 용감한 주인공이 되어 함께 가슴 졸이며 달리고 걸었다. 역경에 처한 이웃을 도와야 한다는 잉게의 말이 진하게 남는다. 친구라면 마땅히 그래야 하니까.

모든 것을 잃고 떠도는 사람들은 여전히 많다. 지푸라기라도 잡는 심정으로 스스로 난민이 된 이들이 온 세상의 이슈가 되고 있는 요즈음, 그들을 위해 실제로 내가 할 수 있는 게 별로 없다. 감히 용기를 내지도 못한다. 고작 기도하며 얼마쯤을 헌금하고 안쓰러운 심정으로 지켜볼 뿐이지만…, 고난을 극복하며 일상을 되찾기 위해 노력하는 이들에게 경의를 표하고, 축복의 말을 전하고 싶다. 이웃에 대한 사랑과 애긍하는 마음이 넘쳐나기를, 사람을 돌보는 손길이 이어지기를 기도하며.

바닷가를 걷는 소녀들의 해맑은 웃음 속에 친구 C가 생각난다. 몇 달 전 갑자기 의식을 잃고 쓰러졌다가 기적처럼 회복한 내 50년지기. 다시금 세상 속으로 조심스레 걸음을 내딛는 친구와 고향 바다를 보러 가고 싶다. 손잡고 해안을 걷고, 검푸른 파도 소리를 들으며 내 곁에 돌아온 걸 축하하고 싶다. 날이 밝으면 전화해야지.

별을 헤아리듯 우리를 보살피는 손길에 감사하며, 찬양하며 성경을 읽는다. 기도하듯이, 노래하듯이.

> 할렐루야! 주님을 찬양하여라, 하늘로부터.
> 주님을 찬양하여라, 주님의 모든 천사들아.
> 주님을 찬양하여라, 주님의 모든 군대들아!
> 주님을 찬양하여라, 해와 달아.
> 주님을 찬양하여라, 반짝이는 모든 별들아. (시편 148,1-3)

(2016. 『창작수필』 110호)

수선화를 심어놓고

어머, 수선화다.

꽃샘바람을 가를 듯 서두르던 걸음이 꽃집 앞에서 멎는다. 울음을 뚝 그친 아기가 눈물방울을 매단 채 웃고 있다. 신선하다. 샛노란 꽃 앞에 쪼그리고 앉아 눈을 맞춘다. 너무나 사랑스럽다. 차마 그냥 일어서지 못해 값을 치르고 몇 포기를 받아 든다. 즐겁다.

'나는 샤론의 수선화, 골짜기의 나리꽃이랍니다.(성경, 아가 2,1)'를 읊으며 날듯이 집으로. 빈 화분에 옮겨 심은 다음 물을 주고 또 눈을 맞춘다. 귀엽다. 사랑스럽다. 힘이 솟고 신이 난다. 서럽게 울고 난 뒤의 후련함이랄까, 한바탕 뜀박질한 후의 개운함이랄까, 묘한 생동감이 넘치는 꽃 수선화, 겨울을 견디고 핀 생명력에 밝은 노랑이 주는 에너지까지, 수선화는 밝고 힘찬 기운을 뿜어낸다.

수선화 같은 날이 있었던가, 숲속 나무들 사이에 핀 한 송이 꽃 같은 시절이 있었던가. 내 연인의 모든 것이 멋지다고 자랑하던 때는 언제였던가. 그날들은 어디로 사라졌나. 도무지 돌아오지 않을 시절이 못다 피고 져버린 꽃처럼 아쉽고 그립다.

물에 비친 제 모습을 사랑한 나르키소스의 화신 수선화는 자기애, 자존심 같은 뜻을 품고 있다. '빵은 우리 몸에 필요한 것이지만 수선화는 마음의 양식이다'라고 말한 이는 마호메트다. 보고만 있어도 생기가 솟구쳐 마음의 양식이라 했던가. 더불어 이제 나도 나르키소스처럼 지나치게는 말고, 밖으로 향하던 에너지를 안으로 돌려보리라 생각한다. 조금씩 낡아가는 나를 더 아끼자는 다짐이다.

수선화를 심어놓고 생각한다. 향기로운 상념에 빠져 사랑, 그 순수를 추억한다. 수줍고 어설프던, 부끄럽거나 당황스럽던 기억까지도 예쁘게 포장해 그리워한다. 문득 그 즐거운 고요를 깨며 날아드는 친구의 메시지, '힘듦을 견디고 있는 중'이라는 비명 같은 한마디에 덜컥, 가슴이 내려앉는다.

우리는 왜 사랑하는 이의 마음을 후비고 할퀴는가. 이 나이가 되고도 모르겠다. 그토록 사랑해서 하나가 된 두 사람, 아름답다고, 어여쁘다고, 그대가 아니면 안 되겠다고 애타던 사랑 아니던가. 젊음 스러지면, 세월 흐르면, 열정은 시들고 사랑은 말라버리는가. 변하여 아픔과 고통이 되는가.

참으로 뜨겁게 사랑한 사람들인데…, 그 사랑의 증인인 나는 위로할 말을 찾지 못한다. 그저 무력감에 휩쓸린다. 보다 큰 사랑, 곧 종교적 해답은 그녀가 더 잘 알고 있을 터. 생각 끝에 카메라를 든다. 수선화를 찍어 올리고 몇 자 적어 보낸다. '힘내자, 수선화가 피었잖니.' 언 땅을 뚫고 차디찬 바람을 이기고 핀 수선화. 그 꽃이 주는 위로와 평화가 온전히 그녀에게 전해지기 바라며, 그녀의 사람에게까지 전해지기 바라며.

한참 후에 답신이 왔다. 꽃집에 가서 수선화바라기를 하다 왔다며 아무래도 수선화를 심어야겠단다. 참 좋은 생각이라고 호응하는데 마음이 조금 가벼워진다. 저녁 늦게 제법 큰 화분에 꽃이 가득한 사진을 보며 가슴을 쓸어내린다. 수선화 덕분이다.

갓 피어난 수선화는 신선한 충격이며 상큼한 위로다. 외로운 마음을 일으켜 세우는 활력소다. 어쩌면 오늘 밤 우리 둘은 꿈속에서 수선화 만개한 들판을 거닐 수도 있겠다. 수선화. 그래, 한때 사론 뜰에 갓 핀 수선화 같았던 너와 나. 머나먼 기억을 되살려 당당하자. 의연히 버티고 서자. 비탄을 벗고 웃자. 더 밝게, 더 환하게. 수선화처럼 스스로를 아껴주자. 나를 사랑하자.

수선화와 눈을 맞춘다. 밝다. 상쾌하다. 새 힘이 솟는다.

(2019. 2. 『창작수필』 111호)

세모(歲暮)에 기억을 잃다

문득 눈을 떴다. 그런데 너무 환하다. 잠시 멍하다가 시계가 눈에 들어온 순간 몸이 벌떡 일으켜졌다. 8시 20분, 이렇게 늦게까지 잔 적이 없다. 거실로 나가니 온 집 안이 고요한데 장식장 위 일력의 숫자 '1'이 낯설다. 초하루라고?

오늘이 몇 월 며칠인지 도무지 생각나지 않는다. 머리가 터질 듯 아프고 눈이 쏟아질 것 같다. 큰소리로 내편을 불렀다. 좀 나와보라고, 뭔가 잘못되었다고. 자는 줄 알았던 식구들이 한꺼번에 거실로 나오며, 마치 기다렸다는 듯이 "이제 깼네." 한다. 깨기를 기다렸다니…. 내편이 나를 소파에 끌어다 앉히며 다 설명해주겠다고 한다. 설명해준다고? 무얼?

'블랙아웃'이라는 말이 있다. 한여름 폭염 때처럼 전력수요가

급격히 늘 적에 발생하는 정전사태를 이르는 용어다. 비행 중 갑작스런 수직상승으로 인해 조종사들이 겪는 순간적인 의식소실도 그렇게 표현한다고 들었다. 가장 흔하게는 술에 만취해 빠지는 일시적 기억상실을 이르는데, 내가…, 내가 바로 그런 상태였단다.

음주 후의 블랙아웃의 경우, 대개는 용케 집을 찾아가기도 하지만 과정을 기억하지 못한다. 정신이 들기까지의 기억이 없거나 띄엄띄엄 한 장면씩 떠오른다. 나머지 부분은 영원히 생각나지 않는다. 그런데 나에게 그런 일이 일어났단다. 한 방울의 알코올도 섭취 안 했는데? 그러니까, 그러니까…, 우두커니 앉았다가 천천히 기억을 더듬는다.

두어 달 새벽잠을 설쳐선가
난데없는 혈압상승에 부정맥
그걸 핑계로 며칠 쉬려는데
예고도 없이 배달되는
모진 감기 1인분에
발가락 골절 하나

덩달아 울어대는 나의 육신
날카로운 슬관절 근육통
기분 나쁜 족저근막염으로
병원 문턱깨나 닳았는데

그걸로 어림없었나
독감 2인분 추가에
덤으로 얻은 펄펄 끓는 몸살
아얏 소리 할 새 없이
치르고 털어내다 보니
해 짧은 섣달이 꼬리를 감아쥔다

그래도 수고했고 잘했어
A마이너스 줄게
감당하게 해주신 분께 감사하자
부디 새해 새날엔
떡국 한 그릇 달게 비우고
아프지 말자
제발 아프지나 말자구

2018년 12월 30일 늦은 밤, 메모지에 낙서처럼 쓴 자작시 「세모(歲暮)의 일기」다. 손녀가 집으로 돌아간 후 오전에 만들어 식힌 식혜를 냉장고에 넣고 뒷설거지를 했다. 송년 모임이 있는 내일은 딸이 쉰다고 하니 늦도록 깨어 여유를 부렸다. 모임에서 낭독할 시를 정하고, 떠오르는 생각을 끼적이기도 하면서.

31일, 약속 장소에 도착하니 오전 10시 40분, 먼저 와 계신 분들과 인사를 나눴다. 그리고…, 거기까지다. 약 스무 시간 정도의 기억이 사라졌다. 후에 확인하니 점심식사를 겸한 행사를 마치고 전철역에서 헤어졌다는데, 외출했던 내편이 식탁 앞에 앉아 있는 나를 발견한 시각은 오후 5시쯤.

횡설수설, 온가족을 혼비백산하게 했단다. 소식을 듣고 달려온 동생이 나를 살펴본 후 몇 주 전에 내가 처방받아서 복용하다 만 안정제를 찾아 먹였단다. 그제야 겨우 잠들었다가 새해 첫날 아침에 깨어났다는 거다. 아아, 내 생의 한 모퉁이가 증발했다니! 어찌 당황하지 않을까. 묻고 또 묻고, 다시 반문하고…, 한동안 혼란스러웠다.

결국 새해 첫날, 차례에 참석하지 못했다. 나를 지키겠다고 딸애도 남고 내편 혼자서 큰댁에 다녀왔다. 설 쇠려고 준비했던 식재료는 그대로 두고, 달랑 식혜통 하나만 들고. 식혜도 상에는 올렸으나 먹을 수 없었다고 한다. 간밤에 계속 식혜를 만들어야 한다고 우기는 나에게 보여주느라 내편이 식혜통을 들고 거실과 부엌을 수없이 왕복하던 중에 그만 상해버린 것이다.

오로지 치료에 전념할밖에. 예정대로 2월부터 사위가 손녀를 돌보기 시작하면서 회복에 가속도가 붙었다. 3월 중순, 생각이 툭툭 끊어지던 증세가 없어지고, 끔찍하던 두통도 거의 사라졌다. 소식을 들은 친구가 "마침내 몸이 화를 냈구나!"라 말했을 땐 유구무언이었다. 여태껏 마음 우선으로 살아왔으니, 이젠 몸이 하는 말에도 귀 기울이자고 결심할 뿐이다. 지금 이 순간에도 묵묵히 수고하는 내 육신, 얼마나 소중한가. 잘 돌보고 사랑하고, 작은 신호라도 놓치지 말아야겠다.

지난가을, 딸은 복직하는데 사위가 신청했던 육아휴직은 넉 달 뒤로 미루어졌다. 틈새육아를 기꺼이 맡은 나. 손녀 돌보기, 그리 쉬운 일이 아니지만 그리 어려운 일도 아니다. 즐겁고 복된 웃음이 날마다 넘쳐났다. 그런데 이 사달이 나다니! 체력 안배를 제대로 못한 탓이다. 내가 나를 지나치게 사용한 탓에 빛나는 기쁨이 퇴색해버렸다.

몸이 화를 내지 않게 하자. 세모에 기억을 잃고 새해가 낯설어서야 되겠는가.

'내 인생의 단 하루도 누군가의 최고의 날과 맞바꾸지 않겠다.'는 존 매케인의 말을 생각하자. 몸이 건네는 말에 귀를 기울이자. 나의 삶, 그 어느 한 부분도 놓치거나 잃고 싶지 않으니까.

(2019. 3. 『창작수필』 112호)

민들레의 편지

나는 민들레다. 그리고 너는 민들레 씨앗, 내가 낳고 기른 새 생명이다. 보송보송한 갓털을 쓴 모습이 귀엽기 그지없다. 예전엔 나도 지금의 너와 같은 모습이었다. 희고 눈부신 솜털 옷을 갖춰 입고 떠날 채비를 마친, 백여 개의 씨앗 중 하나일 뿐이었다.

그 화창한 봄날 오후, 나는 형제들과 함께 꽃대 위에 앉아 지나는 바람을 가늠하고 있었다. 눈을 감고 몸을 싣기 좋은 바람을 고르고 있었지. 나른한 볕에 겨워 깜박 졸았던가. 느닷없는 돌풍, 눈을 떴을 때 내 몸은 이미 허공으로 솟구치고 있었고 너무 어지러워 눈꺼풀을 도로 닫고 말았다. 그렇게 내 나고 자란 터전을 떠나야 했다. 휘모는 바람에 실려 작별의 말도 못 나누고 허망하게.

얼마나 지났을까, 무언가에 거칠게 부딪힌 바람이 나를 놓아버렸다. 균형을 잡아보려 했지만 불가능했고, 허우적거리다가 발 닿는 데 그대로 주저앉고 말았다. 정신을 가다듬고 보아도 그저 낯설기만한 그곳은 어느 아파트의 베란다였다. 나는 화분 속 란타나의 잎사귀 위에 떨어졌던 것이다. 그런데 나를 신기하다며 화분에 심고 물주는 손길이 있었다. 그 호의와 남창으로 비쳐드는 볕에 끌려 조금씩 마음을 열었다.

싹 틔워 잎을 키우고, 꽃 피워 씨앗을 맺고 떠나보내며 화초의 삶에 적응했다. 좁은 화분 안 생활이 어설프고 갑갑했지만, 살아보니 나쁘지만은 않았다. 물이 부족하지 않은지 살펴주고 가끔은 영양제도 뿌려주며 살갑게 대해주는 안주인과 친구가 되었다. 그는 씨앗이 갓털을 쓰고 키를 높이 늘이면, 창을 열어 어린것들이 제때에 떠나도록 도왔다. 곁에서 나를 응원해준 군자란, 란타나, 제라늄, 사랑초와도 정이 들었다. 그들도 이 베란다의 이주민, 이곳을 고향처럼 여긴다 했다.

지난겨울에도 나는, 열다섯 폭 치마를 활짝 펼치고 욕심껏 햇볕을 거두었다. 마지막 한 모금의 온기까지 탐하면서. 심장 가장 가까이에 너를 품어 안고 밤마다 뼈를 흔드는 추위를 버텼다. 몸을 낮추고 곧게 뻗은 발끝에 힘을 주며 겨울을 참아냈다.

마침내 바람이 색과 방향을 바꾸기 시작하자, 네 여린 등을 토닥여 잠을 깨웠다. 햇살 가득 번지는 날 너를 번쩍 들어 올리자 너는 응답하듯 노랗게, 샛노랗게 피어났다. 활짝 웃는 얼굴이 어찌나 앙증스럽던지! 고작 사나흘이지만 꽃 피는 날에 나는 춤을 추었다, 팔 흔들고 치맛자락 들썩이며 너를 향해 환호했다.

시나브로 꽃 시들어 세상은 고요해지고 나는 다시 물레질을 한다. 밤을 도와가며 길쌈과 바느질에 몰두한 날이 열흘 남짓. 이윽고 정성 가득 깃든 옷이 완성된다. 백 개의 날개를 지닌 이 호사스런 깃털 옷을 너에게 입힌다, 행여 바스러질까 조심하면서.

이제 나는 팔을 들어 너와 함께 바람을 가늠한다. 산뜻하고 나긋한 바람, 가뿐하나 후덕한 바람, 너를 먼 곳까지 안전하게 데려갈 바람을 고른다. 오, 그래, 바로 그것이다. 나는 팔을 뻗어 우리가 선택한 바람에 너를 태운다. 가거라. 이 든든한 바람을 안고 가라. 터 닦고 일구며 너의 날을 살아라. 다만 기억해다오. 너의 이름이 민들레라는 것을, 너에게 새겨진 나의 흔적을.

너를 키워낸 곳, 너를 보낸 자리를 나는 지키겠다. 비좁고 초라해 보여도 내가 가꾼 나의 영지, 결코 둘일 수 없는 소중한 너의 태니까. 고향이니까. 비록 본연의 삶에서 멀어진 화초의 운명이지만, 정든 이들이 있는 내 보금자리, 바로 너의 고향에 머물며 네 소식을 기다리겠다.

어느 날 문득, 편지 한 장 바람에 실려 온다면! 너의 소식, 너 닮은 보송보송한 씨앗이 찾아온다면 나는 그를 한눈에 알아보겠다. 단숨에 고 귀여운 것을 알겠다. 핏줄을 어찌 잊을까. 백 리, 천 리를 날아온 피붙이를 팔 벌려 안겠다. 치마폭에 감싸 어르며 춤을 추겠다.

아아, 웃어도 눈물 어릴 그날을 기다리련다.

(2019. 4. 『창작수필』 113호)

비문선생(飛蚊先生)과의 동거

어떻게 설명할까, 이 마음을. 믿는 도끼에 발등을 찍힌 느낌이랄까. 애인에게 배신당한 기분이랄까. 눈에 생긴 불편한 변화에 그럴 거라 짐작하고서도 막상 정밀검사를 받은 후 '비문선생(飛蚊先生)'과의 동거가 시작되었다는 통보에 얼떨떨했다.

연초부터 몸이 내지른 비명 때문에 열심히 돌보며 지내서였는지 지난 5월의 검진결과는 신체 나이가 실제보다 10년쯤 젊다고 나왔다. '내 몸, 내가 더 잘 아는데 뭐가 잘못된 거야.' 하면서도 기분 좋았는데 비문증이라니…, 그게 엉터리였단 말인가. 속상하고 서글펐다.

몸이 천 냥이면 눈이 구백 냥이라 한다. 소중한 눈을 잘 챙기라는 뜻이다. 중학교 때부터 안경을 쓰고 살며 나름 눈을 아끼며 돌봤다. 그런데 정작 이런 일이 닥치고 보니, 한숨을 쉬다가 기껏 '어디, 같이 살아보자구!' 하며 마음을 다잡을 뿐이다.

느닷없이 찾아와 하필 눈 속에 자리 잡은 불청객. 모기 한 마리 같은 존재를 환영할 마음이야 추호도 없지만, 거부할 수도 없다니 달래가며 살기로 한다. 그런데 가느다란 실 뭉치 같기도 하고 점 같기도 한 것이 무척 불편하고 성가시다. 잠시 비켜달라는 부탁에는 대꾸도 없는데, 아침부터 밤까지 눈 가는 데마다 꼬박꼬박 앞질러 참견이다. 눈치 빠르고 동작도 잽싼, 타고난 간섭꾼에 잔소리쟁이다.

메일을 확인하거나 글이라도 좀 써볼까 하고 컴퓨터를 켜면 재빨리 코앞을 막아선다. 책을 읽거나 집안일 하느라 시선을 비스듬히 내리면 슬쩍 비켜선다. 옆이나 뒤를 보려면 한 발 더 물러서고, 먼 하늘 쳐다보면 몇 보 더 물러선다. 내려다보거나 눈을 감을라치면 저만치에 가서 뒷짐을 진다.

떠날 생각 아예 없이 귀찮게 구는 이 존재를 구박하며 지낸 지 보름쯤인 오늘, 문득 엉뚱한 생각이 든다. 뭐든 자세히 보려 하면 시야를 가리며 브레이크를 거는 것이 혹시 이제 그만 보라는 권유인가도 싶은 것. 권유? 글쎄, 그런 것 같다. 눈에서 힘을 빼라. 꼼꼼히 헤아려 따지지 말고 못 본 체해라. 가끔 한눈도 팔고 하늘도 쳐다보고, 그리고 제 발아래나 잘 살피라는 권유, 아니 강권인가도 싶다.

그저 성가시고 집요한 잔소리라 여겼는데, 몹시 귀찮아했는데, 사실은 그만 좀 내달리고 주위를 돌아보라고, 더러 못 본 체 덮어주라고, 느긋하게 한눈도 팔라는 요청이다. 스스로를 단속하여 공손해지고 하늘 우러를 줄 알라는 가르침이다. 굳이 뜯어보고픈 것은 마음의 눈으로 살피라는 야무진 충고다. 그렇다 여기니 슬그머니 무안해진다. 숙고 끝에 그에게 '비문선생'이라는 호칭을 선사한다.

수년 전부터 몸 여기저기에 탈이 나도 무시하며, 생의 여름날 아직도 꽤 남았으려니 했다. 그런데 예고도 없이 찾아든 한기에 등줄기가 서늘했다. 그래도 '한쪽 문이 닫히면 다른 문이 열린다.'는 말처럼, 그동안 박차고 달려 나가던 문을 닫는 대신 느긋하게 드나들 새 문을 열어준 비문선생을 인정하고 받아들인다.

그와 동거하며 집요한 충고를, 아니 진정 어린 가르침을 따르기로 마음먹는다. 더는 불편하고 성가신 불청객이 아닌, 열정적인 스승이자 야무진 친구 같기도 한 비문선생과 더불어 살고자 한다. 대단한 것 없지만 열심히 산 지난날을 뒤로하고, 지금부터의 하루하루는 그저 조금씩 익고 영그는 나날이기를 바라며.

비문선생과의 동거, 아무려나 무탈하기를. 그저 날마다 화평하기를.

(2019. 9.『창작수필』114호)

4.

우산을 쓴 매미

밤이 깊었습니다. 눈은 펑펑 쏟아지고 그리움도 펑펑 쌓입니다. 아버지, 창을 열고 귀를 기울입니다. 눈을 치우며 길을 내시던, 아니 길이 되고 이정표가 되어주신 아버지, 이 한밤 어디쯤에서 눈을 쓸고 계신가요. 멀었다가 가까워졌다가 도로 아득해지는 그 소리를 기다립니다.

그리운 고향의 소리, 산뜻하고 힘찬 아버지의 싸리비 소리를….

노아의 아내에게 차를 권하다

큰 주전자에 약도라지, 생강, 대추를 담는다. 떨어지고 없는 계피 대신 진피를 넣고 물을 채워 불 위에 올린다. 센 불에서 끓기 시작하고 10분, 불을 반쯤 줄이고 식탁 앞에 앉아 기다린다.

알싸한 생강 내음 위로 떠오르는 옅은 진피 향이 코를 간질인다. 두 향기의 조화가 제법 근사해질 때쯤, 불을 더 줄이고 거실로 가는데 나를 앞지르는 차 내음에 울적한 심사가 살짝 풀리는 듯하다.

감기로 고생한 지 2주. 고열과 몸살기는 없어졌지만 거친 기침에 가슴과 목의 날카로운 통증은 여전하다. 가족에게 전염될까 마스크를 쓰고 지내려니 갑갑하고 힘도 더 든다. 짜증을 부리다 생각나서 주섬주섬 끓이는 우리 집 건강차. 식구 중 누가 헛기침만 해도 만들던 건데 정작 내가 아플 때는 이제야 생각났느니, 아파 지쳐도 차 한 잔 내미는 손 없다느니 구시렁거린다. 주부로서의 기민함이 정작 자신에게는 작동하지 않는 인색한 시스템인데, 누구를 탓하리.

대추와 도라지 내음이 은근하게 풍긴다. 달콤쌉싸름한 향기를 들이켜노라니 마음이 조금 더 느슨해진다. 꼬리를 물고 이어지는 생각이 '아내는 집안의 해'라는 표현을 가져온다. 아내의 자존감을 치켜세우는 말이지만 지금은 위로는커녕 해도 달도 아닌 내 정체성이 웃플 뿐. 나에게도 아내가 있으면 좋겠다고 중얼거리다가 성경 속 인물을 떠올린다. 대홍수 에피소드의 영웅 노아, 아니 그의 아내를.

하느님밖에 모르는 외통수, 의롭고 흠 없는 노아. 아내와 세 아들을 둔 농부인 그는 나이 500세에 하느님의 말씀에 따라 방주를 만들기 시작하여, 무려 100년 동안 1400톤급에 3층짜리 방주를 만드는 데에만 몰두한다. 그는 모든 일을 하느님께서 분부하신 대로 했다고 한다.

언젠가 읽은 '노아가 배 만들기에만 집중할 수 있었던 것은 아내의 헌신적 내조가 있었기 때문일 텐데, 그 아내의 공로는 물론 이름조차 언급되지 않았다'는 내용의 글이 생각난다. 장대한 세월, 아무도 이해 못 하는 일에 빠져버린 늙은 남편을 지켜보는 아내의 속내가 어떠했을지를 가늠하며 가슴이 시렸다.

세상은 타락하여 폭력이 난무하는데 매양 한눈만 파는 가장을 대신한 그녀. 농사를 지어 가계를 꾸리고 아들들을 키워 혼인시키며 방주 프로젝트까지 뒷바라지했다. 마침내 홍수가 나자 1년의 피난살림도 감당했다. 그러고도 끝내 불평은커녕 말 한마디 없이 사라졌다.

성경에 이름을 알린 여성이 한둘이 아니다. 창세기에만도 아담의 협력자인 하와, 아브라함의 사라, 이사악의 레베카 등이 있어, 저마다 고유영역을 구축하고 이름과 행적을 남겼다. 그런데 노아를 도와 하느님의 첫 구원사업을 완수한 협력자는 아무런 기록도 남아 있지 않으니, 왜 그믐밤의 그림자처럼 흔적조차 없는가.

남편과 자녀들의 활약을 묵묵히 뒷받침한 사람. 제 전부를 가족과 홍수극복사업에 녹여 넣은 생애를 그 어떤 말로도 표현할 수 없었기 때문이 아닌가 한다. 더하여 그분이야말로 고금을 통해 으뜸가는 '배우자상'을 보여준 첫 사람이라 생각된다. 세상 모든 아내, 배우자, 협력자의 첫 본보기였다고 믿는다.

노아와 그 가족이 한마음으로 완성한 대홍수 프로젝트는 다시는 세상을 물로 멸망시키지 않겠다는 약속의 징표인 무지개가 뜨면서 종결된다. 나는 무지개를 볼 때마다 창조주와의 계약을 기억하라고 배웠는데 이제는 노아의 아내도 떠올려야겠다. 그 가없는 헌신과 지극한 겸손을 생각하며 겨우 차 한 잔쯤의 투정은 그만두기로 한다.

시나브로 차가 완성되었다. 재료마다의 개성은 사라지고 어우러져, 빛깔과 향기가 깊고 묵직하니 잘 우러났다. 아끼는 찻잔을 꺼내 가득 따르는데 행복이 먼저 마음 그릇을 채운다. 실백을 띄운 잔을 두 손으로 높이 들어올린다. 최초의 헌신과 겸손의 아이콘, 노아의 아내 분께 차를 권한다. 아파도 차 한 잔 내미는 손 없다고 구시렁거리던 못난 주부가.

그저 아무런 흔적도 남기지 않은 분과 차 한 잔 나누고 싶어서. 뭉근하고 진하게 우러난 차 한 잔을 권하며, 그저 잠시 그 분과 함께 있고 싶어서.

(2020. 3. 『창작수필』 115호)

그곳에 제단을 쌓다

아브람은 자기에게 나타나신 주님을 위하여 그곳에 제단을 쌓았다.(창세기12, 7 참조)

아버지인 테라를 따라 고향 칼데아 우르에서 하란 땅으로 이주해 살던 아브람은 어느 날 주님의 부르심을 받고 다시 길을 떠난다. 보통은 고향으로 돌아갈 나이인 75세에 반대 방향인 가나안으로. 그러나 발붙일 곳 찾지 못한 나그네는 스켐, 베텔과 아이의 산악지대와 네겝 사막을 떠돌고, 이집트 피난살이까지 겪는다. 고단하고 신산한 삶이었지만 그는 가는 곳마다 주님을 위한 제단부터 쌓는다. 기댈 곳 없는 처지를 호소하면서.

단지 믿음만으로 가진 것을 나누며 산 의로운 아브람. 마침내 헤브론 땅 마므레의 참나무 곁에 터전을 마련한 그가 가장 먼저 한 일 또한 제단을 쌓고 감사드리는 것이었다. 타락한 도시 소돔과 고모라를 위해 두려움을 딛고 바친 겸손한 기도에는 주님께 대한 무한한 신뢰가 녹아 있다.

기나긴 단련 끝에 주님께서 그에게 '아브라함'이라는 새 이름을 주시며 '믿음의 조상'으로 삼고, 별처럼 많은 후손을 약속하신다. 아브라함은 그의 이름에 합당하게 살아 오늘까지도 모든 믿는 이들의 선조라 불린다.

그해 가을 여행의 첫 목적지는 몽생미쉘(Mont.St.Michel). 성 미카엘의 산이라 불리는 프랑스 북서쪽 노르망디 해안의 작은 바위섬이다.

서울을 떠나 파리에 도착한 다음 날 이른 아침 부슬거리는 빗속에 버스에 올랐다. 노랗게 물들어가는 풍경이 자꾸 마음을 빼앗았지만 가이드의 설명에 귀를 기울이며 부지런히 메모했다. 남프랑스를 느긋이 즐기려던 계획이 서울 출발 하루 전에 갑자기 프랑스 일주로 바뀐 터라 오늘의 일정에 대한 사전정보가 거의 없었기에.

서기 709년, 바스노르망디 망슈현 아브랑슈의 주교 오베르는 꿈에 미카엘 대천사의 계시를 받고, 둘레가 900미터인 바위섬 몽통브(MontTombe)에 예배당을 세우고 몽생미쉘이라 불렀다. 10~11세기에 베네딕토수도원과 교회가 건립된 후 마을과 외침을 막는 성벽 등 1000년 동안 거듭 증축되었고, 18세기에 이르러 현재의 모습을 이루었다.

프랑스 대혁명 후 감옥으로 사용된 적도 있으나 19세기 중반에 대대적인 복원공사로 본모습을 회복했다. 1874년 역사유적지 선정에 이어 1979년 유네스코 문화유산으로 등재된 곳, 몽통브에서 몽생미쉘로 이름이 바뀐 바위산성에 순례의 발길이 이어져, 지금도 연간 300만여 관광객이 찾아든다.

3시간 후, 버스 차창 너머로 불쑥 나타난 목적지의 모습은 기대 이상이었다. 비 그친 하늘을 덮은 검푸른 구름 사이로 솟아오른 성채와 첨탑, 장엄하고 신비로운 풍광에 압도되었다. 설레는 마음 달래며 아브랑슈에서 점심을 먹은 후 셔틀을 타고 성지로 이동했다. 거친 갯바람을 가르며 진입로를 걸을 때부터 절로 경건해지며 가슴이 두근거렸다.

중세의 모습을 고스란히 간직한 성 미카엘의 산. 마을의 돌바닥은 물론 수도원으로 오르는 계단은 세월과 순례의 발길에 마모되어 반질거리고 미끄러웠다. 오락가락하는 비로 더욱 미끈거리는 길을 발밑만 살피며 꾸역꾸역 걷다가, 저기 좀 보라는 내편의 말에 한 번씩 눈을 들고 펼쳐지는 장면마다 감탄부호를 붙였다. 하늘과 거친 바다 가운데 떠 있는 거대한 성채. 모든 것을 이루는 데 헌신한 이들의 굳센 믿음에 감복하다가, 조그만 개미가 된 듯 무력감에 빠졌다. 그러나 이룬 것도 드러낼 것도 없는 티끌 같은 나를 기억하시고 여기까지 인도하신 손길을 떠올리며 '제가 무엇이기에 이 길 위에 세워주시나이까….' 하였다.

로마네스크와 고딕양식이 잘 어우러진 수도원 내부를 세세히 둘러본 후 성당에서 촛불을 봉헌하며 마음 깊은 곳에도 촛불을 밝혔다. 호젓한 성벽에 등을 기댄 채 먼 하늘을 바라보았다. 내 안의 가파른 바위산에 길을 내고 제단을 쌓아올리며, 비록 조약돌 몇 개뿐일지라도 크고 단단한 주춧돌로 여겨주시기를 기도했다.

아브람은 아브라함이란 새 이름을 받고 더욱 겸손하고 의롭게 살아 믿음의 조상이 되었다. 나도 오래전에 세례를 통해 새 이름을 받았는데, 그에 합당하게 살았는가…. 어리석은 질문에 그저 부끄러움을 느낄 뿐, 고개를 숙이니 꾸역꾸역 밟고 올라온 돌계단이 내 발을 든든하게 받치고 있다. 힘내라고 격려라도 하듯이….

날이 저물기 시작하고야 돌길을 되짚어 내려간다. 뒤돌아보고픈 아쉬움을 지그시 누르며 천천히, 오롯이 마음을 모으며.

주님, 저희를 이끄소서. 아브라함의 믿음과 순종의 삶을 본받게 하소서. 미카엘 대천사, 저희를 도우소서. 아멘!

(2020. 9.『창작수필』117호)

남창을 열며

베란다의 민들레와 눈을 맞춘다. 며칠 전, 섭씨 37도의 맹더위 속에 피었던 꽃이 어느새 솜털뭉치가 되어 남실거린다. 이상고온에 에어컨 실외기의 열기까지 더해져 숯가마처럼 뜨거운 베란다에 꽃이 핀 것만도 놀라운데, 씨까지 맺다니…. 조그만 꽃의 결기에 거듭 감탄할 뿐이다.

2년 전 봄, 베란다 화초의 묵은 잎을 걷어내다 잔가지에 걸린 조그만 털뭉치를 발견했다. 언제 날아들었는지, 삿갓 모양의 관모를 보고 민들레 씨앗이라 짐작했다. 자연으로 보내려다 호기심이 생겨, 빈 화분에 심고 물을 주었다.

민들레는 좀처럼 얼굴을 보여주지 않았다. 두 계절이 더 가고 11월에야 싹이 돋았다. 영양제를 주고 볕바른 창가로 옮겨

주었다. 창문을 자주 열어 대지의 기운을 느끼게 했다. 말도 걸고 사진도 찍으며 관심을 기울이고.

12월 말, 첫 꽃이 피었다. 한겨울의 민들레, 앙증맞았다. 야생의 것만큼 야무지진 않아도 봄을 느끼기에 충분했다. 꽃에게 동요 '민들레'를 불러주었다. 방실거리던 꽃이 씨앗이 되어 날아갈 땐 애잔한 마음이었다. 꽃씨를 보내며 쓴 시를 외워본다.

밤사이 핀 눈꽃이
햇살에 비껴 눈부신 오늘은
먼 길 떠나기 좋은 날
베란다 오지화분 속 민들레
가녀린 꽃씨야
외투도 식량도 나침반도 없이
외벌 날개옷만으로 떠나려느냐

너를 위해 남창을 여느니
떠올라라 꽃씨야
푸르청청 바람을 타고
고이 간직한 꿈만큼이나
높이 솟구쳐 날아라, 날아라
멀리 떨어진 씨앗
크게 자란다 하지 않더냐

꽃씨야, 겨울 길 떠나는 아가야

두려움 버리고 후련히 날아
외진 길섶 산모롱이에 덥석 내려라
어느 날 다시 꽃샘바람 휘감칠지라도
언 땅을 뚫고 활짝 피어나라
무구한 웃음으로 가장 먼저
빛나는 봄을 열어라

– 자작시 「겨울여행」

겨우내 남창에 비끼는 볕을 거두어 잎 늘리고 꽃 피운다. 꽃이 지고 사나흘이면 훌쩍 솟은 꽃대 위에 뭉쳐 매달린 백여 개의 씨앗이 몸을 말린다. 더 가벼워지기 위해, 더 멀리 날기 위해. 때를 맞춰 창을 열어주면 민들레는 몸을 흔들며 바람을 가늠하다 씨앗을 날려 보낸다. 그리고 고요해진다. 아무 일 없다는 듯 미동도 없지만 나는 그 곁을 쉬이 떠나지 못한다. 영이별을 한 그가 안쓰러워서, 내 가슴도 허전해서.

11층 베란다의 화분 속 민들레도 떠나고 싶을까, 저 창 너머 어딘가로. 그러나 그는 자신이 뿌리 내린 이곳, 제 소생들의 태자리를 차마 떠나지 못한다. 그저 싱싱하던 잎들이 시름시름 시들 뿐이니 소임을 다한 후의 소멸이다. 나는 마른 잎을 떼어내고 다시 물을 준다. 뿌리 끝까지 흠뻑 젖으라고.

낮고 옹색한 처지를 비관하지 않는 민들레. 역할에 집중하여 제 몸을 텅 비워내고는 이내 초연해지는 작은 꽃. 올해도 열 차례 이상 피고 씨앗을 냈다. 그 근면한 일상을 지켜보다 함빡

정들어 친구가 되고 사랑하는 가족이 되었다.

놓인 자리에서 최선을 다하는 민들레. 그의 생활은 내 사는 모습과 닮았으니 나도 고향을 떠나와 처한 자리에서 열심히 살고 있다. 가정을 건사하고 자녀를 길러 떠나보내며. 다만 더러 고향을 찾기도 하고 언제든 아이들을 볼 수 있는 것이 다를 뿐. 그럼에도 늘 고향이 그립고 아이들이 멀어질까 두려운데, 저 조그만 꽃은 고향은 물론 자손과 영이별하고도 의연할 뿐이다. 때로 나보다 한 수 위가 아닌가 하여 숙연해지기도 한다. 영근 씨앗을 보듬으며 이것들 중 몇이라도 돌아온다면 민들레가 기뻐할 거라는 상상도 한다. 그가 내게로 와 기쁨이 된 것처럼.

금방이라도 떠오를 듯 탱글탱글한 씨앗들과 눈을 맞추다가 미안하다고 속삭인다. 솜털을 조금 떼어 어미 곁에 묻어준다. 오래 생각한 계획의 실천이다. 이제 창을 열고 날아오른 씨앗들이 보이지 않을 때까지 손을 흔든다. 기도하듯 주문을 외며.

안녕, 안녕! 가서 잘 살아라. 고향이 그리워지면 언제든 돌아오너라. 그날을 위해 남창을 열어둘 테니….

(2020. 8.『창작수필』118호/ 창작수필작품상 수상작)

우산을 쓴 매미

올 장마는 대단했다. 큰 홍수를 몇 번씩 내고도 기세등등, 쉬 물러가지 않고 무려 40여 일 동안 눌러앉아 있었다. 코로나19가 초래한 팬데믹 사태로 인해 바깥 행사는 물론 조촐한 만남조차 멈추고 근신하듯 지내는 중에, 심술스런 날씨로 마음은 더욱 산란했다.

그래도 일주일 가까이 내처 쏟아지던 비가 멎고 모처럼 햇살이 번지는 날이 찾아오자, 꿉꿉한 이불을 걷어내 빨았다. 젖은 빨래를 베란다에 내다 널고 돌아서다가 망창에 붙어 있는 매미와 눈이 마주쳤다. 오랜만의 방문객이 반가워 인사했다.

'안녕, 어서 와!'

내친김에 웃자란 화초 가지를 손질하고 시든 꽃과 잎도 걷어내고, 모처럼 개운한 마음에 녹차 한 잔을 들고 다시 창가로.

여전히 그 자리에 장식처럼 매달린 매미를 바라보고 있자니 담소라도 나누는 듯 기분 좋았다. 미동도 없던 매미는 저녁 어스름에 슬그머니 자리를 떴다. 이튿날, 이른 아침부터 매미가 왔다. 이틀 연속 같은 자리에 매미가 와서 앉다니, 여기가 그들의 명소인가 하다가 번쩍 떠오르는 생각, 혹시 그 애인가?

며칠 전, 밤을 새운 비가 아침이 되자 더욱 거세졌다. 밖을 살피며 망설인 끝에 이것도 경험이라며 우비와 장화로 무장한 네 살배기를 골프용 우산으로 덮다시피 하여 어린이집에 데려다주고 돌아오는 길. 대형 우산 속에서도 몸이 절로 웅크려지는 빗줄기를 외면하며 발끝만 보며 걷던 중 돌연 멈춰 섰다. 빗물 흥건한 보도블록 위를 미세하게 꿈틀거리며 기는 작은 생명체, 막 지하세계를 벗어난 매미였다.

금방이라도 뒤집어질 듯 기우뚱거리면서도 걸음을 멈추지 않는 매미, 용맹하고도 가련하여 곁에 쪼그려 앉아 우산을 나눠 썼다. 다리가 저려도 참으며 그가 눈앞의 단풍나무 둥치에 이르기까지 응원하였다. 힘내라. 옳지, 옳지, 잘한다. 마음으로 손뼉을 치면서.

아메리카 대륙에는 13년 또는 17년을 사는 매미도 있다지만, 이 땅의 매미에게 주어진 날은 7년 남짓, 그중 성충이 되어 지상에서 지내는 시간은 겨우 한 달쯤이다. 알에서 깬 애벌레는 땅속으로 들어가 나무뿌리 즙을 먹으며 어둠 속에서 때를 기다린다. 그런데 하필 이런 폭우 아래 그 세월을 접느라 고생하는지…. 안타까운 만큼 더 멋지게 살라고 응원하였다. 무사히 우화하여 좋은 짝 만나 청춘을 구가하라는 화살기도도 바치고.

우산을 같이 썼던 그 아이인가 하며 다가가보지만 모르겠다. 긍정인지 부정인지 매미도 반응이 없는데, 만일 그렇기만 하다면 진정 대단한 일 아닌가. 계속 지켜보며 편히 쉬다 가라고, 힘을 축적해 목청껏 노래하라고 축원한다. 밤낮 가리지 않는 떼창에 귀가 먹먹하더라도 즐거이 듣겠다는 약속도 하며. 매미는 오후 4시쯤 포르르 날아갔는데, 놀랍게도 다음 날 다시 와서 한나절 쉬더니 윤기 자르르한 날개를 펼치며 갔다.

이틀 후에 매미의 합창이 들려왔다. 그런데 우렁찬 함성도 자지러지는 아우성도 아니다. 힘이 빠지다 못해 은근하기까지 한 하모니에 귀를 의심하다가 곧 마음이 시큰거렸다. 유례없는 장마에 수많은 유충이 생명을 잃은 모양이니, 저 장마가 미물에게도 영향력을 끼쳤나 보다. 맥 빠진, 아니 처량한 노래를 듣다 보니 바이러스의 위세에 눌려 마스크로 얼굴을 가린 채 전전긍긍하는 내 심중을 대변하는 것도 같아, 아프고 더 씁쓸해졌다.

그 질긴 장마가 하루아침에 꼬리를 감추더니 이내 서늘한 바람이 불기 시작했다. 매미 소리도 슬그머니 사라졌다. 지난한 세월을 견딘 보람을 제대로 누리지도 못했을 텐데, 벌써부터 길섶에 떨어진 매미를 찾는 꼬마들의 걸음이 바쁘다. 조그만 얼굴마다 마스크를 쓴 채 뛰어다니며 풀밭 사이를 살핀다.

솔바람 부는 오후, 손녀와 손잡고 산책한다. 매미를 만났던 곳에 서서 그 단풍나무를 잠시 쳐다보고는 손녀에게 매미 이야기를 해주니 눈을 반짝인다. 다시 걷는데 눈이 자꾸 발아래를 더듬는다. 청아한 매미 소리가 들리는 것 같아 귀를 쫑긋거린다.

'폭우 속에 우산을 나눠 썼던 매미야, 사흘 동안 찾아왔던 친구야, 작별의 말도 못 하고 갔구나. 그래도 너의 날을 충실히 살았겠지? 재미나게 지내느라 다시 못 온 거겠지? 그렇다고 믿는다. 믿는다.'

속으로 속삭인다. 그렇게 믿어야 나 또한 고달프고 지루한 이 팬데믹 사태를 잘 감당할 수 있을 것 같아서….

7년 후에는 우산을 쓴 매미의 후손을 만나게 될까. 그때엔 열한 살일 손녀와 매미 이야기를 또 나눌 수 있을까…. 말없이 내려다보는 하늘이 높푸르다.

(2020. 9. 『창작수필』 119호)

우아한 조식(朝食)

정각 6시, 알람을 꺼두었어도 눈이 절로 떠졌다. 평일이면 조반을 준비할 시간이지만 도로 눈을 감는다. 조금만 더… 했는데 쪽잠이 달콤했던가, 향긋한 고구마 냄새에 이끌려 깬 시간이 7시 20분, 아차차! 잠옷 바람으로 뛰쳐나가니 식탁에는 이미 음식이 가득 차려져 있다.

마루를 가로질러 안방으로. 반쯤 열린 문 저편 소파에 비스듬히 기댄 채 눈을 감고 계신 어머니. 신축년 새해에 99세, 즉 백수(白壽)에 이르신 분의 평온한 옆얼굴에 아침빛이 아른거린다. 나는 후다닥 옷을 갈아입고 침대를 정돈하고 세수는 하는 둥 마는 둥 서두른다.

17년쯤 전이다. 팔순이 넘은 시어머니께서 홀로 지내게 되셨는데 살림을 도와주시는 분이 쉬는 토요일이 문제였다. 당신은 혼자 주무신 적이 하루도 없었다며 불안해하셨다. 고령에는 심리적 안정감이 중요하기에 나는 한 가지 제안을 했고, 가족회의 후 여섯 손주 중 서울에 거주하는 넷이 차례로 당번을 하게 되었다.

모두 대학생, 한창 바쁘고 하고 싶은 것도 많을 때인데도 최선을 다해주었다. 그때 어머니는 아이마다 식성에 맞춰 조식을 마련하곤 하셨다. 몇 해 후 아이들이 독립하면서 은퇴한 어른들이 그 일을 맡았고 지금은 삼형제 중 막내인 우리 부부가 번갈아 주말 당번을 하고 있다.

어제도 하루 일과를 마치고 집을 나섰다. 부탁하셨던 민감피부용 세신제와 보습제, 수필집 두 권과 큰애가 준비한 디저트용 쿠키가 든 배낭을 메고. 버스를 타고 걷고 35분 후 도착하니, 벌써 침대에는 이불이 반듯하게 펼쳐져 있고 테이블 위에는 생수병과 컵을 담은 쟁반이 놓여있다.

부탁하신 물건과 책을 드리고 증손녀의 최근 동영상을 보여드렸다. 함께 TV를 보며 이야기도 나누고. 여행 다큐를 가장 좋아하지만 집안일, 바깥일 등 시사 전반에 관심이 많으시다. 즐겨 보시는 프로그램 '강적들'이 끝나자 손수 문단속하고 잠자리에 드셨다.

나도 저녁 기도를 하고 책을 뒤적이다가 따끈한 현미 찜질팩을 안고 잠을 청했다. 하지만 쉬 잠들지 못했다. 늘 그렇듯이 얇은 블라인드를 통해 비쳐드는 보안등 불빛이 너무 밝은 까닭이다. 간밤에는 낮에 마신 진한 돌체라테 때문인지 3시가 지나도록 뒤척였고, 결국 늦잠을 자고 말았다.

허둥대면서도 주방 입구의 식탁 위로 또 눈이 간다. 파이렉스 그릇과 자기(瓷器)들이 김치와 동치미를 중심으로 장조림과 나물들, 생선, 김 등을 담고 적당한 간격으로 놓여 있다. 늘 대하는 장면인데도 볼 때마다 감격스럽다. 해묵어 낡고 흠집도 많은 그릇들이 반듯하게 진열된 모습에서 품격이 배어난다.

데쳐 껍질을 벗긴 방울토마토, 구운 은행, 견과류와 요구르트가 몫을 지어 놓이고, 과일과 과도, 과일 담을 빈 접시까지, 전통에 신감각이 더해진 어머니 표 아침상이다. 지혜와 배려가 가득 배인 한 끼에 가슴이 짜릿하다가 뭉클뭉클 따뜻해진다. 국을 데우고 전기밥솥을 여는데 어느 틈에 기척을 느끼셨는지, 보청기를 끼고도 소통이 쉽잖은 어머니가 옆에 와 서신다. 늦은 아침인사에 외려 너무 빨리 일어났다고 웃으며 꾸지람이시다.

진지와 탕을 알맞게 떠서 앞접시 옆에 놓아드리고 베란다 보조주방에서 미리 구워두신 고구마를 접시에 담아 들고 맞은편에 앉는다. 고구마를 즐기지 않는 어머니. 순전히 나를 위해 추운 데서 장시간 수고하셨다. 감사인사를 드리고 식사한다. 과일과

차, 디저트까지, 편한 자세로 우아하게.

설거지하고 보온병에 더운 물을 채워 식탁에 올려놓으면 일정 끝. 저녁부터 아침까지 지켜본 결과 총기도 활력도 여전하시니, 오늘도 안심이다. 낮 동안 어머니는 30분쯤 걷고, 책 읽고 전화통화도 하고, 화초를 돌보신다. 조력을 받아 장을 보고 북악스카이웨이나 남한산성 근처로 나들이도 하시지만, 혼자인 시간도 꽤나 오붓하다고 하신다.

41년 전 가족의 연을 맺은 시어머니, 체구는 자그마하지만 판단과 결단이 빠르시다. 삼형제를 예의 바르며 성실하고 가족을 극진히 사랑하는 사람으로 키우고, 남을 따뜻이 배려하도록 이끄셨다. 효도의 모범을 보여주셨고 37년간 교직에서 나라의 보배들을 가르치셨다. 40여 국가를 여행하시고 96세까지도 박물관과 미술관 모임 등에서 활동하셨다. 연하장과 생일카드에 꼬박꼬박 덕담을 써주시는 다정다감하신 분, 오늘도 집안의 중심에서 대소사에 직접 참여하시는 어머니, 당당한 현역이시다.

백수(白壽)의 시어머니가 차려주시는, 아무나 받을 수 없는 밥상을 받은 지 십수 년. 여전히 나는 얼씬 못 하게 하고 혼자서 식탁을 꾸미신다. 할 수 있고, 하고 싶은 운동이라시며. 나도 언제까지 황송한 아침밥을, 아니 이 우아한 조식을 누릴 수 있을지 근심하지 않으련다. 다만 '나이란 지난 한 해를 무사히 보냈다는 선물*'이라는 말에 깊이 공감하며, 올해도 어머니처럼 성실히 살 것이다. 어머니의 삶을 벤치마킹하며, 따라 배우며.

봄이 오면 나들이 좋아하시는 어머니와 영춘화 만발한 언덕길을 또 걷고 싶다, 보폭 맞추어 햇살을 즐기며. 팔짱을 끼고 한적한 숲길, 들길을 거닐고 싶다. 좀 더 멀리 간다면 바다가 보이는 카페에서 핫초코 한 잔 앞에 놓아드리고 정담을 나누고 싶다. 당신의 한창때를 소환시켜드리며 웃음 나누고 싶다. 그러니 저 무지막지한 코로나19가 썩 물러가기만을 기다린다.

(2021. 1.『계간문예』 봄 63호)

*남상태 수필「나이란 종합선물세트」중에서

눈, 아버지의 싸리비 소리

아버지, 눈이 옵니다.

종일 그물거리더니 저무는 하늘에서 함박눈이 내립니다. 펑펑 쏟아집니다. 잠깐 사이에 은빛 너울을 쓴 뜰을 내다보며 아버지를 생각합니다. 마당에 쌓이는 눈을 싸리비로 쓰시던 모습이 아른거립니다.

좀 전에 퇴근한 작은애가 현관에 들어서지도 않은 채 서둘러 손녀를 데려가더니, 동영상을 보내왔습니다. 두 팔을 벌린 채 탄성을 지르며 눈 속으로 뛰어드는 네 살배기, 여기저기 제 발자국을 마구 찍으며 내달립니다. 빙글빙글 돌며 춤을 춥니다. 쏟아지는 눈을 처음 맞는 지안이가 어쩔 줄 몰라 깡충거리니, 할미인 저도 덩달아 신납니다. 그 애가 남긴 흔적을 좇다가,

감흥을 못 이겨 집을 나섭니다.

벌써 지워져가는 조그만 발자국들을 가만가만 디뎌봅니다. 짜릿한 감격이 가슴에 입니다. 설국으로 달리는 눈발 속을 쏘대며 마음은 강을 건너고 들을 가로질러 영(嶺)들을 굽이굽이 휘돌아 갑니다. 짙푸른 동해를 우러르고 다시 재를 넘어 눈길에 첫발자국을 찍던 그날로 돌아갑니다. 고향집 앞마당에서 뒤뜰로, 삽짝을 밀고 나가 공터로, 큰길로…. 숫눈 위에서 뛰노는 첫딸을 미소로 바라보셨을 아버지. 솟구치는 그리움을 감당하느라 저는 그만 눈사람이 되어 돌아옵니다.

이렇게 눈이 쏟아지는 밤이면 잠 설치며 몇 번이고 일어나 밖으로 나가시던 아버지. 장지문을 열고 댓돌 아래로 내려서는 넓은 어깨를 감싸던 서늘한 고요를 기억합니다. 곧 그 고요를 흔들어 깨우는 싸리비질 소리가 났지요. 가뿐하고 힘찬 소리를 들으며 추우실까, 감기 드실까 걱정하다가 까무룩 잠들곤 했습니다.

눈이 그치면, 첫새벽부터 길에 나가 눈을 치우셨지요. 그런 날도 6시만 되면 어김없이 집의 문을 죄 열어젖히며 칠남매를 깨우고 되짚어 대문 밖으로 나가시던 아버지. 기억하시나요, 마지못해 일어나 오들오들 떨면서 이불을 개던 저희 모습을.

무릎이 푹푹 빠지는, 때론 허리춤까지 차오른 눈을 가래와

삽으로 밀고 퍼내고 꼼꼼히 쓸며, 눈밭에 곧고 오롯한 길을 내시던 아버지. 짙푸른 하늘과 아침 햇살 아래 눈부신 풍경이 되신 그 모습은 제 가슴속에 영원한 명화로 남아 있습니다.

동네 어른들이 장비를 들고 나와 신작로 쪽 눈을 치우기 시작하면, 아버지는 몰려나온 꼬맹이들과 눈사람을 만들어 공터에 세워놓고 한바탕 눈싸움을 하셨지요. 눈 뭉치를 든 우람한 체격의 어른이 조무래기들 뒤를 쫓던 모습은 지금도 저를 미소 짓게 합니다.

눈을 치우신 후엔 그 눈을 모아 쌓고 다져 아담하고 단단한 눈 미끄럼틀을 만드셨지요. 삽으로 홈을 파서 만든 계단까지 마련한 다음 상기된 얼굴, 장난기 가득한 눈으로 주위를 둘러보며 싱긋 웃으셨지요. 그 순간, 눈싸움을 멈춘 채 숨죽이고 섰던 아이들이 한꺼번에 내달렸지요. 이리저리 미끄러지고 엉덩방아를 찧으며 외쳐대던 그 함성, 들리시나요.

운수업을 하셨던 아버지. 사실은 눈이 많이 올 때마다 정선 여량으로, 임계로, 대형 트럭을 몰고 산판에 간 기사들 걱정에 잠을 이루지 못하셨던 거지요. 간간이 눈을 치우고 쓸며 무사히 대피했다는 소식을 기다리시다 어찌어찌 백복령(白伏領)을 넘어섰다는 전화를 받고서야 가슴을 쓸어내리셨지요. 주차장의 눈을 마저 치우고, 한밤중에 굵은 체인을 바퀴에 감고 돌아온 차들을 맞으며 환히 웃으셨습니다.

같은 이유로 저희 일곱은 철들기 전부터 눈이 와도 함부로 즐거워하지 못했는데, 그 심정을 헤아리셨던가요. 눈싸움도 같이 하고 실컷 지치라고 눈을 쌓아주신 일들, 고맙고 자랑스럽습니다. 더하여 당신의 손주들과 기꺼이 함께해주신 겨울놀이들도 아름다운 추억입니다. 내일은 싸리비를 장만해 눈을 쓸어보렵니다. 손녀와 눈사람을 만들고 눈싸움도 해야겠네요. 눈밭에 미끄러지며 비명도 질러보고요. 제 증조부 이야기를 해주면 지안이 두 눈이 더 반짝거리겠지요?

밤이 깊었습니다. 눈은 펑펑 쏟아지고 그리움도 펑펑 쌓입니다. 아버지, 창을 열고 귀를 기울입니다. 눈을 치우며 길을 내시던, 아니 길이 되고 이정표가 되어주신 아버지, 이 한밤 어디쯤에서 눈을 쓸고 계신가요. 멀었다가 가까워졌다가 도로 아득해지는 그 소리를 기다립니다.

그리운 고향의 소리, 산뜻하고 힘찬 아버지의 싸리비 소리를….

(2021. 4.『월간문학』626호/ 창작수필문학상 수상작)

동행

- 베란다의 계절

어느새 3월 중순, 오늘은 바람도 볕도 온순하다. 춘분이 가까우니 꽃소식이 잰걸음으로 온다. 대지가 파릇파릇하지만, 나는 겨우내 손녀와 함께 가꿔온 베란다에서 눈을 떼지 못한다. 겨울 초입에 심은 씨들이 싹 트고 자라 꽃 피운 베란다. 소박한 꽃밭을 채운 오밀조밀한 풀꽃들이 사랑스럽다.

제라늄, 칼란디바, 란타나, 대왕꽃기린도 화려하지만 제비꽃과 민들레, 냉이꽃이 조촐하다. 나팔꽃, 자주달개비가 여름 향기를 풍기는데, 잎이 수북해진 분꽃과 두 뼘 넘게 자란 범부채도 어깨를 으쓱거린다. 코스모스도 수줍게 웃는데, 풋고추도 어느새 열매가 맺혔다. 눈이 잦았던 지난겨울 내내 사계절 꽃들이 다투어 피어 흰 눈과 어울린 정경이 좋아, '베란다의 계절'이라 이름 지어두고 즐기는 중이다.

오늘도 유치원에서 돌아와 손을 씻자마자 베란다로 직행하며 "간식은 나아중에요오!"라 외치는 다섯 살배기. 젖은 손 그대로 서두르는 걸 보니, 아침식사 때 "민들레 꽃씨가 지안이를 보고 싶어 하던데~."라 했던 내 말을 잊지 않은 거다.

종일 어찌 참았을까? 벙싯거리며 하늘거리는 꽃씨뭉치를 살짝살짝 쓰다듬더니 꽃대에 손을 대고 나를 쳐다본다. 승낙의 고갯짓에 척 꺾어 들고 창가로 간다. 볼이 터지도록 입바람을 불어 날려 보내고 손을 흔든다. 예쁘게 피어 또 만나자며…. 둥싯둥싯 떠오르던 씨앗들은 이내 뒷벌공원 쪽으로 날아가고, 우리는 하이파이브를 한다.

지난해, 손녀와 동네 산책로를 걸으며 정원수와 화초들의 이름을 가르쳐주었다. 그랬더니 그것들을 제 친구로 여기고, 볼 때마다 이름 불러 인사하며 정답게 구는 게 아닌가. 하는 짓이 예뻐 민들레, 냉이, 제비꽃과 괭이풀 등 지천으로 핀 풀꽃의 이름도 알려주니, 친구가 많아져서 '너어무' 좋단다.

제 눈높이에 맞아서인가 나뭇잎과 풀꽃을 번갈아 집에 데려와 저녁 식탁 앞에 같이 앉거나 소꿉밥상을 차려 대접하는 시늉도 했다. 꽃에게 춤까지 추어 보이는 모습을 보고 꽃씨를 모아 심고 직접 키우면 어떨까 물었더니, 어찌나 적극적으로 반응하던지! 열심히 꽃씨를 모아들이며 행복해했다

11월 하순쯤, 뜰의 꽃이 다 없어져버렸다며 아쉬워하기에 모

아둔 풀씨를 꺼내 화분에 심었다. 매일 들여다보는 아기 정원사, 언제 싹이 나오느냐고 성화다. 그 조급함을 달래려고 화분마다 이름표를 만들어주기로 했는데, 꽃 이름을 알고 있고 한글도 웬만큼 깨친 녀석에겐 신나는 놀이가 되었다.

하루에 한두 개씩 새 이름표를 만들고 글자를 읽어보게 한 후 화분에 꽂게 했다. 싹이 돋은 후에는 자라는 모양을 관찰하며 꽃말과 전설을 알려주었다. 함께 꽃송이를 헤아리며 즐거웠던 베란다의 계절, 금쪽같은 시간이었다.

코로나19와 미세먼지에 57년 만이라는 강추위까지 더해져 갇혀 지내다시피 한 지난겨울. 웃으며 지내는 사이 마흔 개가 못 되던 화분이 일흔 개쯤으로 늘어났다. 매일 물주는 초보 일꾼 때문에 싹이 녹아버리기도 했으나 요일마다 물 줄 구역을 나누어준 후로는 아이도 만족하고 꽃도 더 건강해졌다.

'같이 걸어줄 누군가가 있다는 것, 그것처럼 우리 삶에 따스한 것은 없다'고 이정하 시인이 말했듯이, 나는 저 꽃들이 없었더라면 힘이 펄펄 넘치는 꼬맹이와 긴 겨울 무엇으로 소일했을까. 지안이가 아니었다면 이 근사한 베란다의 계절을 꿈이나 꾸었을까…. 겨우내 해바른 꽃밭이 있어 따스했고, 아기 정원사 덕분에 포근했다. 얼마나 고맙고 정다운 동행인가.

겨우 발 디딜 틈만 남은 베란다를 둘러보며 생각한다. 창을 활짝 열고 봄을 맞을 때라고. 그런데 자꾸 망설이는 건 이 행복을 놓치고 싶지 않아서다. 저 정다운 계절을 다시 기약할 수 있을까. 새로 핀 꽃 앞에서 노래하며 춤추는 귀요미를 또 만날 수 있을까. 보리 싹처럼 쑥쑥 크는 손녀는 요 며칠 새 친구들 이름을 외우느라 열심이다. 당연한 성장의 과정일 뿐인데…, 어쩐지 반 발짝쯤 멀어지는 것 같아 쓸쓸해진다.

그리스 철학자 테오프라스토스는 '시간은 우리가 사용하는 것 중에서 가장 값진 것'이라 했다. 겨울 꽃밭에 푹 빠진 귀요미와 더불어 보낸 지난 몇 달은 길이 간직할 추억을 얻은 값진 시간이었다. 지루할 새 없이 바빴고, 보람차고 유쾌했으니 그것으로 충분, 무얼 더 바라리.

손녀와 손가락을 건다. 내일은 봄이 오는 뜰에 나가보자며. 지안이가 좋아하는 목련 봉오리가 얼마나 부풀었는지 살펴보고, 꽃구름으로 떠오를 산수유도 보자. 봄, 봄, 눈부시게 고운 봄이 오는 중이다.

(2021. 3.『창작수필』 120호)

익숙한 그 길 위에서

지난 4월 초 월요일 아침, 손녀의 머리를 빗기는데 전화벨이 울렸다. 어머니께서 응급실로 가신단다. 손에 땀이 흐르고 마음은 콩닥거렸다. 예정보다 늦어진 등원버스를 더 기다린 5분이 어찌나 길던지! 손녀를 보내고 돌아서서 기다리던 남편과 함께 달려갔다.

무슨 일인가, 어제까지도 아무 일 없었는데! 어머니를 모시고 먼저 출발한 최 여사에게 전화한다. 6시에 혈압약을 드시고 신문 읽으시는 분이 7시에도 누워 계시더란다. 숨차다고 하시며. 99세, 백수에 이르신 분이니 나도 겁났다.

S의료원 응급실에 도착하니 어머니는 이미 안에 갇히시고, 코로나19 사태로 몹시 까다로워진 규정이 앞을 막는다. 지정된 보호자 한 사람만 입실할 수 있단다. 망설이다 중요한 결정을

해야 할 경우를 대비해 당신의 아드님을 들여보냈다.

지난 40년 동안 어머니와 함께 병원에 수없이 드나들었다. 입원하신 경우는 없었지만 진료 때마다 내게 의지해 불안을 씻던 분인데, 낯선 의료기들에 둘러싸여 얼마나 불편하실까. 직접 살펴드릴 수 없어 애탔고 상황을 전해 들으며 마음이 출렁거렸다.

응급실 문 앞을 서성이며 할 수 있는 건 기도뿐. 지금까지처럼 별일 아니기를, 손잡고 집에 돌아가게 해달라고 주님께 떼를 쓰며 불안을 달랬다. 그러나 진단명은 폐렴, 오후 6시쯤 어머니는 기도삽관 시술 후 중환자실로 이송되셨다. 면회도 격일로 한 번에 30분, 정해주는 시간에 지정보호자만 가능하다는 까다로운 규정에 발길을 돌려야 했다. 돌아오는 길, 익숙한 그 길이 어찌나 낯설고 쓸쓸하던지….

해 질 녘 홀로 돌아가는 길
늘 함께 지나던 그 길이 낯설어
두리번거리고 자꾸 뒤를 돌아봅니다

가방을 열었다 닫았다 뒤적이고
휴대폰을 켰다 껐다 멍하니 바라보고
듣는 이도 없는데 중언부언하다가
두 손을 펴고 들여다봅니다
당신의 지문이 묻어 있을까 하여

두 손을 모아 맞대어봅니다
당신의 체온이 남아 있을까 하여

- 자작시 「홀로 돌아가는 길」 중에서

허둥지둥 손녀에게 저녁을 지어 먹여 제집에 보내놓고 또 생각에 빠진다. 연세가 믿기지 않을 만큼 건강하셨다. 지난주 목요일에 '추웠다 더웠다' 하신다기에 단골 의원에 모시고 갔지만 별일 아니었다. 금요일엔 해종일 벚꽃 구경 다녀오시고 주말이 지난 오늘도 외출하실 예정이었는데…. 평소에 건강을 잘 관리하셨으니, 이 상황을 이겨내실 거라고 스스로를 위로했다. 그리고 눈앞에 어머니가 계신 듯 청을 드렸다.

'어머니, 꽃구경 약속은 당분간 미뤄둘게요. 내일, 모레, 아니 봄꽃이 다 지기 전에는 일어나세요. 처음으로 드리는 부탁이니 꼭 들어주셔야 해요. 아무 일도 아닌 듯 툭툭 털고 일어나, 손잡고 꽃놀이 가셔요. 그때쯤 앞뜰에 어머니 좋아하시는 철쭉도 만발하겠지요.'

그리고 혼자 한 약속을 믿기로 했다. 교직에서 은퇴하신 후 30여 년이 지났지만 여전히 계획표대로 지내며 스스로 모범생이라 칭하는 어머니시니, 이 고난도 잘 극복하시리라 믿었다.

그리고 믿은 대로 되었다. 어머니는 몇 차례의 위기를 이겨내고 입원 24일 만에 퇴원하셨다. 그날 앞뜰 철쭉이 진홍색 큰 꽃다발을 들고 반겨주었다. 돌아오신 지 40여 일이 지난 지금 부쩍 줄었던 체중과 기력을 거의 회복하여 가까운 공원을 산책하실 정도가 되었다. 다만 오래 걷기 어려워 휠체어를 이용하실 뿐. 모범생 만세, 참으로 감사하다.

어느새 6월, 오늘도 손녀를 태운 유치원 차가 출발하자말자 돌아서서 달린다. 입원하시던 날 어머니를 두고 홀로 돌아올 때 그렇게나 낯설고 허전했던 길, 익숙한 그 길 위를.

엊그제 갑작스런 입원으로 미뤘던 꽃구경 약속을 지켰다. 지고 없는 봄꽃 대신 가족공원에 가서 수련을 보여드렸다. 어머니께서는 100년을 살았고, 모네의 지베르니 정원에도 갔었지만 수련 꽃을 실제로 보는 건 처음이라며 좋아하셨다. 나 또한 너른 못을 가득 채우며 핀 수려한 꽃에 매료되어 그간의 피로를 씻었다.

오늘은 그 꽃들이 지기 전에 한 번 더 보러 간다. 꽃 앞에서 아기처럼 웃으실 어머니를 생각하니, 수련을 스친 고운 바람이 달음질쳐 와 나를 안는다. 어머니와 함께 들며 나며 지나던, 익숙한 길 위를 달리는데 마음은 둥개둥개 바람을 타고 오른다. 둥개둥개 구름 위를 거닌다.

(2021. 6. 『창작수필』 121호)

그 겨울, 청량리행 야간열차를 타고

그해 1월, 여고 졸업식 다음 날 오후. 밝은 파랑 스웨터에 청바지, 학생용 감색 코트 차림에 검정 단화를 신고 아버지를 따라나섰습니다. 대입 시험일정에 맞춰 서울 가는 길. 아버지는 참고서 몇 권과 세면도구, 옷가지가 든 가방을 들고 휘적휘적 앞장서셨습니다.

걸어서 10분쯤, 성북리 담뱃가게 앞에서 도경리행 완행버스에 올랐습니다. 오십천 강변을 굽이굽이 거슬러 가며, 차창에 반사되는 물빛과 강 건너 건지리의 아련한 풍경이 눈부시다는 생각도 잠시, 채 5분도 지나지 않아 멀미가 시작되었습니다. 아아아, 미리감치 먹어둔 약도 소용없이 원당리 오르막길에서부터 눈앞이 노오래지고 속이 출렁거렸습니다. 눈을 감아도 온몸이 빙빙 도는 사정을 아는지 모르는지, 버스는 울퉁불퉁한

꼬부랑길을 달리다 서기를 반복하더니 30분 후에야 도경리역 앞에서 저를 놓아주었습니다.

기차 출발시간까지 여유가 있어 철길 아래 외갓집에 들를 예정이었지만 초주검이 된 저는 대합실 나무벤치에 눕고 말았습니다. 대숲으로 둘러싸인 기와집 뒤뜰 시루 속 선홍빛 홍시만 떠올리며. 그걸 먹으면 멀미가 싸악 나을 거라고 아쉬워하며…. 출발시간이 임박해서야 플랫폼에 나가 싱그러운 밤공기를 힘껏 들이켠 다음 강릉발 청량리행 통일호에 몸을 실었습니다.

기적을 울리며 달리기 시작한 야간열차는 미로, 신기, 마차리를 지나 하고사리부터 빠르게 가팔라지는 고도에 따라 속도를 척척 올렸습니다. 덩달아 요동치는 객실에서 저는 끝없이 솟는 진땀에 푸욱 절어버렸지요. 도계에서 통리재 쪽으로 마구 치닫던 기차가 나한정과 흥전 사이를 스위치백으로 느릿느릿 뒷걸음질할 때, 가까스로 몸을 추스른 저는 이마를 창에 바짝 붙이고 잠든 척했습니다. 아버지가 걱정하실까 봐.

더디 흐르는 시간 속에 춘양, 봉화를 거쳐 영동선과 경부선이 맞닿는 영주를 지날 때 사과 향기를 떠올리고, 풍기에선 인삼의 약성을 마음으로 들이켰지만 뒤집힌 속은 가라앉지 않았습니다. 아버지가 사주신 오징어와 삶은 계란, 오란씨는 손댈 엄두도 못 내고…, 기적 소리를 헤아리며 아침이 오기만 기다렸습니다.

제천역에서 기관차를 교체하느라 정차한 8분 동안, 달려가 선 채로 가락국수를 사 먹고 온 사람들에게서 나던 왜간장 냄새는 손수건으로 코를 싸쥐고도 피할 수 없어, 끝내 화장실로 달려가고 말았습니다. 경상도와 충청도를 돌아 다시 강원도 원주를 들른 기차가 양수리를 지날 즈음, 어둠 속에서 반짝이는 강과 넉넉한 물내음이 엉망이 된 저를 잠시 다독여주었지요.

마침내 청량리역. 밤을 새운 기차가 힘차게 기적을 울리고는 멈춰 섰습니다. 휘청거리는 걸음으로 역사를 벗어나 첫새벽의 광장을 마주하고 서니, 냉랭한 바람이 와락 달려들더군요. 기름내 잔뜩 풍기며 청량리역 광장을 휘도는 공기는 도무지 청량하지 않았습니다.

아버지가 이끄시는 대로 들어간 대왕코너 근처 지하다방, 짙은 초록 벨벳 소파에 몸을 기대고 앉았습니다. 파마머리 부스스한 마담이 다가와 상냥스레 인사하더니 축 늘어진 저를 눈여겨보며 한방차를 권했지요. 대추, 잣 듬뿍 넣고 계란 노른자 동동 띄운 특제쌍화탕, 태어나 처음 먹어본 그 맛과 향기는 그분의 미소와 함께 지금도 제 뇌리에 또렷합니다.

오래전에 헐려 이제는 상호조차 까마득해진 너른 찻집, 아침을 기다리는 이들로 가득하던 그곳엔 막연한 설렘이 찰랑찰랑

넘쳐흘렀습니다. 그 들뜬 분위기는 날이 환하게 밝을 때까지 긴 밤을 꼬박 새운 저를 안아주었습니다.

몇 년 후에 고속버스 노선이 생기면서 그 야간열차를 타지 않게 되었지만, 청량리역은 모임이나 나들이 갈 때 지금도 이용하는 곳입니다. 그날 역 앞 찻집에서 저를 향해 빙그레 웃으시던 아버지, 밤새 잘 견뎌냈다며 칭찬시던 음성이 다시 들리는 듯합니다. 늘 기댈 언덕이셨던 아버지가 그립습니다.

그 찻집에서의 따듯한 배려와 쌍화탕 향기는 서울 땅에 뿌려진 씨앗 하나가 싹트고 뿌리내리는 데 큰 힘이 되었습니다. 긴 밤을 달리던 통일호의 기적은 일어서라고 외치는 구호였습니다. 덕분에 지난 세월을 무난히 살아냈으니 감사합니다. 여전히, 때때로 멀미에 시달리지만 내일도 열심히 살겠습니다.

그런데…, 오늘 문득 계란 동동 뜬 쌍화탕을 마주한다면 그 밤의 야간열차, 그 힘찬 기적 소리가 들려올까요. 오늘 밤, 이번엔 청량리역을 출발해 꼴깍꼴깍 멀미에 시달리다가 새벽의 도경리역에 내린다면 외할머니께서 꺼내주시는, 댓바람 소리가 스민 홍시를 마주할 수 있을까요.

(2021. 9. 『창작수필』 122호)

종로를 걸었다

오랜만에 종로를 걸었다.

코로나 사태로 인해 근 2년 만에 열린 창수문인회 총회. 델타 변이에 오미크론까지 기승이었지만, 장소가 종로 YMCA빌딩 근처라 덥석 참석하였다. 행사 후 몇 분과 점심을 먹기 위해 옆 골목으로 들어서려다 멈칫했다. 문을 연 곳이 거의 없고 적막해서다. 큰길도 선별검사소 천막이 두드러져 보일 뿐 한산했는데 골목 안은 더 심각했다. 종로가 이토록 썰렁해지다니…, 망연하던 중에 이 거리를 처음 걷던 날이 생각났다.

1973년 1월, 밤기차를 타고 꼭두새벽의 청량리역에 내린 아버지와 나는 택시를 이용해 화양리 사촌언니네로 갔다. 심한 멀미로 기진한 나를 보고 놀란 언니가 서둘러 밥상을 차려주었지만. 나는 고개를 저으며 아랫목 이불 속으로 파고들었다. 저

녘쯤에 정신이 들었으나 식욕을 잃은 손이 가는 건 시원한 보리차와 샛노란 배춧잎뿐이었다.

다음 날 낮까지 통통한 겨울배추 한 포기를 깨작거린 나를 다시 택시에 태운 아버지는 종로로 가자고 하셨다. 내일이 입시 예비소집일이라 서대문 쪽에 있는 학교 가까이로 가려는 것인데, 나는 10분도 못 버티고 차를 세웠다. 내리고 보니 겨우 한강 건너 행당동 한양대 앞. 걸어가겠다고 하니 아버지는 "그래보자." 하셨다. 터덜터덜 왕십리 길을 걷는데 느닷없이 소월의 시 「왕십리」가 떠올랐다.

> 비가 온다
> 오누나
> 오는 비는
> 올지라도 한 닷새 왔으면 좋지
> 가도 가도 왕십리 비가 오네….(이하생략)

시 덕분이었을까, 싱싱한 배춧잎의 효능이었을까, 차츰 다리에 힘이 붙었다. 신당동, 을지로를 지나 청계천으로. 평화시장, 동대문시장을 힐끗거리며 걷는데 가도 가도 잿빛인 도시가 스산하고, 허공을 덮고 위세 떨치는 고가도로와 육교에 마음이 움츠러들었다. 인도에까지 갖가지 잡화가 쌓인 세운상가를 지나 조금 더 가신 아버지가 돌아보며 손짓하셨다. 눈앞에 우뚝

한 삼일빌딩, 뉴스에서 본 적 있는 최신 건물. 그 앞에 서니 비로소 서울에 대한 호기심이 일었다.

주위를 둘러보느라 고개를 돌리니 바로 종로 방향이다. 지하철 공사가 한창인 길가에 수북한 붉은 흙더미, 땅속은 고향과 다르지 않다고 생각하며 먼지투성이 길을 살피며 걷는데, 갑자기 발밑에서 철퍼덕거리는 소리가 났다. 신고 있던 학생화 밑창이 활짝 벌어진 것, 바로 YMCA빌딩 앞이다. 아버지는 근처의 칠성제화점에서 연갈색과 녹갈색이 배색된 단화를 사주셨고, 그 구두 가게는 긴 세월 내 단골가게가 되었다.

족히 세 시간 넘게 걷고도 다시 앞선 아버지가 멈춰 서신 곳은 청진동의 한 음식점 앞. 흙먼지 자욱한 유리문에 붉은 페인트로 쓰인 '소금구이, 해장국'이란 조악한 글씨를 보고 나는 잠시 머뭇거렸다. 그런데 어찌나 맛있던지! 허겁지겁 고기를 삼키는 내 모습에 아버지는 눈가에 주름을 만들며 웃으셨다. 그렇게 나는 지독한 멀미에서 벗어났고 아버지의 웃는 얼굴을 이틀 만에 다시 보았다. 그 환한 웃음, 눈에 선하다.

아버지는 보신각종과 도로 원표를 보여주시며 종로의 역사를 간략히 설명하고 나서야 근처에 숙소를 정하셨다. 몹시 피곤했지만 잠이 오지 않았다. 조선 500년 도읍지의 중심에서 아버지는 가끔 코를 골며 주무시는데, 지근거리의 궁궐들과 종묘, 잠깐 쳐다본 탑골공원…. 알고 있는 역사 이야기가 뒤엉켜 떠올랐다. 종로에서 늦도록 잠 못 이룬 그 밤을 보낸 이틀 후 시험을 치고 합격하였다.

종로. 국도 6번, 서울 중심부의 동서를 잇는 동맥. 광화문부터 종로 6가까지 곧 동대문과 서대문을 잇는 길이다. 조선의 궁궐과 종묘사직, 큰 관청들을 품은 곳이며 현대에 이르기까지 문화와 상업의 중심지다. 나에게는 정다운 거리, 서울살이 근 50년 동안 가장 많은 추억이 서린 곳이다. 친구들과 당주동 떡볶이를 먹고 삼청동 벚꽃 아래를 맨발로 걸었다. 박물관과 궁궐을 산책하고 대학로까지 걸어도 지루하지 않았다. 사간동, 안국동, 인사동 거리를 나팔바지로 쓸고 다니며 전람회를 보고 YMCA 지하에서 커피를 홀짝이다가 명동까지 내처 달리던 푸르른 날이 그립다.

아버지와의 추억도 구석구석에 서려 있다. 서울에 출장 오시면 같이 식사하고 영화 보고, 책 사러 다녔다. 복지리, 곱창전골, 불고기를 먹고 어슬렁거리다가 종로복떡방에도 들렀다. 정동 이따리아노에서 함박스테이크를 먹고 아버지 팔에 매달리듯 팔짱을 끼고 걸었다. 관훈동에 있던 고모의 인형가게에 들렀다 다시 단성사 쪽으로 향하던 날들이 어제 같다. 동대문시장에서 엄마와 동생들을 위해 옷감을 사신 아버지를 근처 터미널에서 배웅하곤 했는데…, 모두 가뭇가뭇 그리움이 되었다.

생각만 해도 마음이 아련해지는 종로, 정다운 거리. 시대에 따른 변화가 당연하지만 때로 화신, 신신백화점과 한일관 본점이 생각나고, 낡았어도 예스러워 좋았던 피맛골 풍경이 사라질 땐 가슴 아팠다. 그리고 오늘 적막해진 골목을 걸으며 애타고 슬펐다. 그래도 문 열린 데가 더러 있어 밥도 먹고 가지런한 기왓골을 바라보며 차도 마셨으니 다행이다. 위안으로 삼고 또 하나의 추억으로 간직하련다. 울적한 심사를 풀어놓느라 밤이 깊었는데, 이 밤 쉬이 잠들 수 있으려나.

오늘 종로를 걸으며 몹시 쓸쓸했다. 추억 가득한 거리에서 슬프고 망연했다. 역사의 중심이자 서울의 중심, 대(大)종로의 영광은 언제쯤 재현되려는지….

(2021. 12.『창작수필』123호- 22년 봄호)

당저리 157, 곶감나무들

눈물이 왈칵 쏟아졌다.

'지금 삼척 옛집이 헐리고 있대요.'

여섯째가 단톡방에 올린 메시지에 가슴에 구멍이 뚫리며 힘이 쭈욱 빠졌다. 머리를 벽에 부딪은 듯 얼얼했다. 지난해 4월 23일 오후의 일이다.

이어서 뜨는 사진들. 우연히 그 앞을 지나던 사촌오빠가 찍었단다. 당저리 157번지, 고향집. 기왓골 단정하고 지붕 선 고운 본채는 이미 흔적도 없다. 안뜰에 괴물처럼 선 포클레인 너머로 보이는 별채, 그 양옆에 맨몸으로 선 우람한 감나무 두 그루. 스산한 모습에 소름이 돋았다. 저들도 마지막을 맞는가 하면서.

단톡방이 소란스러웠다. 날이 저물도록 저마다의 추억, 기억을 쏟아내느라…. 나는 깊은 상심에 빠졌다. 자꾸 눈이 붉어졌다. 아장아장 걸을 때부터 살던 집, 여섯 동생들과 뒹굴던 보금자리의 멸진에 허탈했다. 울적했다.

당저리 1구 8반 157번지, 해바른 남향집. 할머니, 삼촌 다섯, 고모 한 분과 모여 살고, 눈만 뜨면 사촌들 모여들어 시끌벅적하던 집이다. 친척과 이웃들 이야기꽃 피우고, 상시로 큰 솥 두 개에 불을 지피던 곳이다. 명절이나 삼촌들과 고모 결혼할 때면 안뜰에 가마솥 몇 개 걸어놓고 기름내 풍기는 숙모, 이모들이 잰걸음 치던 곳이다. 철따라 지붕을 보수하고 기둥도 바꿔주고, 창호지도 다시 바르며 살뜰히도 집을 돌보던 아버지 생각에 멈췄던 눈물이 또 솟구친다. 아끼고 사랑하는 고향집이다.

앞마당에 병아리들이 종종거리던 다섯 살 적 봄날, 앉은뱅이 책상 앞에 앉아 '가갸거겨'를 배우던 툇마루. 곁에 앉아 해바라기를 하던 할머니는 늘 꼬박꼬박 조셨다. 반질반질하던, 햇살에 빗겨 솜이불 같던 툇마루가 사라졌다.

아래채 앞뜰에서 수맥을 찾아 펌프용 파이프를 심던 일곱 살 때, 나는 흰 블라우스에 빨간 멜빵치마를 입고 종일 깡충거렸다. 한 정거장쯤 되는 우물까지 물동이를 이고 다니던 엄마를 위한 아버지의 선물이다. 펌프 물은 달고 시원하여 이웃들도 좋아했다. 훗날 상수도시설을 갖추고서도 동네의 중요한 식수

원으로 사랑받은 펌프와 널찍한 수돗간이 사라졌다.

사진에 남았던 별채와 창고도 그날 사라졌겠지만 건강한 감나무들만은 부디 살아남기 바랐다. 부모님이 그 집을 떠나신 지 30여 년, 나는 고향에 갈 때마다 찾아가 한참씩 바라보았다. 살뜰한 보살핌을 잃은 집이 자꾸 낮아지는 것은 안타까웠지만, 감나무들은 늘 싱싱하여 위로받았다. 집 때문에 마음 무너지면서도 수령 70년에 여전히 튼실한 결실을 내는 나무들은 살아 마을 역사를 증거하는 거목, 고목이 되기 바랐다.

얼마 후 둘째의 친구가 보낸 사진에 좌절했다. 깔끔해진 터에 대형 철근구조물이 세워진 것. 소중한 보금자리를 포기했는데 감히 무얼 바랐던지…, 고개 숙여 영원 속으로 간 나무들을 애도했다. 아버지도 보고 계셨을까, 하늘을 우러러보았다.

세 살 때 뒤뜰에 심은 감나무 두 그루, 맛깔스런 열매를 참으로 넉넉하게 내었다, 우리가 대가족인 걸 잘 알고 있다는 듯이. 한 그루에는 짙은 주홍빛에 크고 둥글면서도 나부죽한 감이 열렸는데 살이 차지고 단단하였다. 또 한 그루에는 가운데가 봉긋한 천도복숭아 모양의 주황 감이 주렁주렁했는데 물기가 많아 부드러웠다. 아름다운 열매에 독특한 맛, 그 어디에도 없는 우리집 감이다.

부모님은 해마다 감을 따 이웃과 나누셨다. 남은 것은 대형 시루 속에 차곡차곡 쌓아두고 익히셨으니, 비타민 가득한 겨울 간식이다. 높고 우람한 나무 밑 평상에서 소꿉장난, 방학숙제를 하고 책 읽고 낮잠도 잤다.

칠남매가 모두 집을 떠나자 두 분은 감을 깎아 말리셨다. 달고 물기가 많아 말랑말랑하고 부드러운 곶감, 훗날 손주들에게 인기 최고의 간식이었다. 가장 먼저 혜택을 입은 큰애에게 감나무의 절멸을 전하니 눈을 크게 뜨며 "아, 가여운 내 곶감나무들…." 할 뿐, 말을 잇지 못했다.

달포 전에야 옛집을 보러 갔다. 둘째가 아직도 그곳을 우리 집이라 생각하느냐고 하기에 직접 봐야겠다고 대답했다. 낯선 빌딩이 우뚝 선 고향집 자리. 주변은 옛 모습 그대로인데, 터가 넓고 반듯해 변화와 발전의 선봉장이 되었다는 옆집 어르신의 덕담이 즐겁지 않았다. 옛집을 다시 일으켜보고 감나무 섰던 곳을 짚어보고, 숨바꼭질하던 뒷골목도 돌아보고 새 집과 입주자들의 행복을 기원하고 돌아섰다.

당저리 157번지, 우리 대가족을 품었던 보금자리여, 지키지 못해 죄송합니다. 고맙고 고맙습니다. 그리운 감나무여, 정 많은 홍시나무, 곶감나무 그대들, 애통하지만 고이 잠드소서. 영원히, 영원히 잊지 않으리니!

(2022. 3. 『창작수필』 124호)

김미자의 수필세계

그가 세상을 보는 창은 꽃이다

오 경 자
(수필가 · 문학평론가)

꽃을 통해 보는 세상

수필은 자신의 체험 속에서 글감을 찾아 작가의 관조를 통해 주제를 형상화하는 문학 장르이다. 어떤 문학보다도 작가가 세상을 내다보는 창이 무엇인가에 따라 같은 사물도 달리 보이고 해석도 달라진다. 그 창을 통해 내다본 광경을 자신의 안경으로 재해석해서 주제를 형상화하는 작업은 그리 녹록하지만은 않다.

수필가 김미자는 세상을 보는 창이 온통 꽃이다. 고고한 자세로 서 있는 나무에 피어나는 목련에서부터 땅에 붙어 보일까 말까 하는 채송화에 이르기까지 모두 그의 창이다. 꽃말이 애처로운 수선화, 만인의 가슴에 연민의 정으로 살아 있는 민들레, 당당한 군자란, 이루 다 헤아리기 어려울 정도로 온통 꽃이 그의 창이다.

꽃을 통해 그에게 비친 세상은 사랑과 긍정으로 넘쳐나는 살아볼 만한 공간이요 축복이다. 깊은 신앙심이 그 창을 더 아름답고 풍요롭게 해준다. 김미자 수필의 주제는 사랑과 포용이라 할 수 있다. 일관된 주제를 대부분 꽃이라는 창을 통해 관조하고 강한 메시지를 은근하고 조용하게 속삭이듯 전한다. 독자에게는 진한 감동으로 울림을 준다. 요란하지 않고 조용하게.

가족 사랑의 주제를 전하는데 표현과 구상이 몽환적이다

가족에 대한 사랑이 주제일 때 감동적인 구체적 이야기를 그 주제를 담는 그릇으로 쓰기 십상인데 김미자는 다르다. 꽃을 보면서 그 꽃들의 특성에 은근히 가족의 이야기를 접목시키고 몽환적인 기분이 들 정도로 추억을 떠올리며 안개 속에 얼비치듯 자신의 주제를 담아내는 표현 기법을 쓰고 있다.

피어오른 군자란을 보면서 대견함을 말하고 다른 꽃들의 잔치에 찬사를 보내는 듯하다가 어릴 적 엄마가 처음 군자란이라는 꽃을 집에 들이셨을 때를 떠올린다. 군자란이 곁에서 자라고 죽고를 반복하는 과정을 그리면서 그 안에 절묘하게 남편의 투병 이야기를 넣어, 담담하고 간결하게 그려내며 절절한 부부애를 행간에 감쪽같이 숨기고 있는 표현과 구성이 일품이다.

그 우여곡절 끝에 지금의 군자란이 함께인 것에 감사하며 오늘의 개화를 반긴다.

긴 기다림 끝에 싹을 틔운 그는 '쑥! 쑥!' 소리가 나도록 빠르게 자랐다. 잃어버린 시간을 보상이라도 하듯이. 그리고 바로 그날, 놀라 "아!" 하고 탄성을 질렀으니, 화려한 주홍색 꽃다발이 거기 있었다. 결코 잊을 수 없는 가을 아침이었다. 그리고 그해 겨울 중반, 환자는 기적이라는 말을 들으며 병석을 벗어났다. 그러나 희망의 메시지를 주었던 군자란은 겨울을 못 넘기고 치열한 생을 마감하고 말았다. 시련의 막바지에서 집을 여러 날씩 비워야 했고 그러다 혹한이 닥친 어느 밤에 꽁꽁 얼어버린 것이다. 그 모습을 본 친구가 말했다.

"네가 고난을 대신 지고 갔구나."

-「군자란의 봄」

생사의 갈림길에서만 부부애가 치열한 것이 아니라 일상 속에서 아주 풋풋한 부부애를 그려내는 것이 김미자의 수필이다. 병을 털고 일어난 남편, 그는 내편이라 부른다, 얼마나 절묘한 정답인가? 관상동맥이 막혀 응급실을 찾은 내편이 기사회생해서 한숨 돌린 부부, 일상인 산책 이야기를 한 편의 그림으로 그려낸 것이 「다시 일상으로」이다. 가는 도중에 꽃을 만나 노니는 이 작가를 보라. 표현을 음미해보면 글의 맛과 멋이 스며든다.

크고 작은 브로치 모양의 흰 꽃무리가 조용히 탑들을 우러르고 있으니 그 이름이 갯기름나물, 이 겸손하고 매력적인 꽃을 하나씩 포장해, 내 좋은 사람들에게 선물하고 싶다. 카톡에 올리려고 열심히 카메라 마사지를 해준다. 자, 마사지 받고 더 우아해지라 덕담하여 다시 스무 걸음쯤, 매의 눈길에 잡힌 것은 반들거리는 꼬리 조팝꽃이다. 긴 겨울 매서운 강바람을 이기고 여린 가지 끝에 핀 탐스러운 분홍 꽃, 그것은 승리의 깃발이다. 너는 어쩌면, 어쩌면 이다지도 사랑스러우냐, 찰칵, 또 찰칵, 오래 기억하겠다는 인사다. 그래, 이거야. (중략)

걸음을 재촉하여 식물원으로, 나른나른 졸고 있는 고삼, 소리쟁이, 미나리아재비들을 깨운다. 해당화, 찔레들을 향해 카메라셔터를 누르며 속삭인다. '그대들도 알고 있겠지, 그가 돌아온 것을?' 아담한 뜰을 돌아 종종걸음을 치는데 리듬을 맞추듯 들리는 경쾌한 휘파람 소리, 그의 전화다.

약속 시간 5분 전이라며 뒤쪽을 보란다. 고개를 돌리니 저만치에서 손 흔들며 오는 그, 걸음에 힘이 실렸는지 조금 빨라진 것도 같다. 나도 손을 번쩍 들어주고 나서 등의 배낭을 추스른다. 오색 채소로 꾸민 저녁 도시락이 배낭 속에서 흔들리며 존재감을 드러낸다. 머잖아 다시 그이가 도시락 배낭을 메게 될 거라 생각하며 나란히 걷는다. 그래 , 이거야, 좋다, 좋아!

-「다시 일상으로」

가족사랑 한 축은 효가 받쳐

부모님 사랑은 수필에서 빠지지 않는 글감이지만 주로 회고에 그치거나 특별한 상황과 연결되는 경우가 많다. 김미자의 수필은 거기서 한 단계 넘어서 꽃들과 세상사에 버무려 은은하게 가족애를 주제로 꽂는다. 효가 그의 가족사랑의 한 축을 떠받치는 특징을 지니고 있다. 겨울철 일미인 대구탕을 끓이며 아버지의 겨울대구를 회상하고 눈이 오는 날 아버지의 싸리비 소리를 다시 듣고 싶은 작가는 어머니의 우울증 극복을 축하하고 옥인 씨라 부르며 수필로 다가간다. 「우아한 조식」은 시어머니의 각별한 며느리 사랑을 잔잔하게 그려내며 가족애를 형상화하는 데 성공한다.

「익숙한 그 길 위에서」는 시어머니의 회생을 기뻐하는 며느리의 효심을 시어머니께로부터 받은 며느리 사랑으로 역조명하는 구성의 변화를 보여주고 있다.

> 아버지가 커다란 물고기를 척척 손질하시는 솜씨는 가히 예술이었다. 그 모습에 홀려 추운 것도 잊고 구경하다가 수신호에 따라 펌프질을 했다. 차가운 수돗물 대신 땅속에서 솟구쳐 콸콸 쏟아지는, 김이 모락모락 피어오르는 지하수로 생선을 씻고, 내장은 종류별로 그릇에 담으셨다. 능숙하게 손질한 물고기에 소금을 뿌린 다음 대나무 꼬챙이로 고정하여, 짚을 꼬아 만든 끈으로 아가미를 꿰어 엮으신다. (중략)
>
> 기억에 깊숙하고 오래 저장 되는 건 크고 대단한 일이 아니라 작고 소박한 일상이라 했던가. 오늘, 지금, 대구를 매만지시던 아버지의 빠알간 손이 마음에 바람을 일으키고 있다. 이 바람을 따라가서 펌프질도 하고, 시큼한 김치를 얹어 대구지리 한 그릇 뚝딱하고 싶다. 아무래도 그래야겠다. 그렇지 않고서야 겨울 동해, 그 청량한 바다로 내달리는 심사를 어찌 달래겠는가.

아, 그리운 아버지, 그리고 겨울 대구여!

-「아, 겨울 대구」

부모님 사랑을 주제로 할 때 일상의 회고나 어떤 일의 과정 설명 등의 밋밋한 구성으로 일관되기 쉬운데 「봄을 캐는 옥인 씨」는 서두와 결말을 야무지게 잘 맞춘 작품이다. 작가는 이 수필에서 우울증을 이겨낸 어머니와의 해후를 그리는데 아주 긴장된 구성으로, 독자를 천착하는 감상에 빠뜨리지 않는다.

'나 내일 서울 갈란다.'

전화기에서 울려 퍼지는 소프라노 음색, 옥인 씨, 우리 엄마다. 모처럼 풀린 날씨에 산보 가셨다가 냉이를 캐셨단다. 그 소식에 봄이 달려와 내 품에 안긴다. 그런데 냉이뿐일까. 달래도 씀바귀도 몇 움큼, 어쩌면 쑥 향기까지…. 소올솔 코끝을 간질이는 봄내음. 내일은 달래와 냉이를, 아니 봄을 먹을 수 있다. 새봄이 담긴 엄마의 바구니를 기다린다. (중략)

옥인 씨가 캔 봄나물로 가득한 내일의 밥상을 떠올린다. 통통하게 살진 냉이무침에 냉잇국, 씀바귀김치에 달래장 넣어 비빈 밥, 게다가 포슬포슬한 쑥버무리까지…. 아주 근사한 밥상 생각에 군침을 삼킨다. 비록 고향 땅의 소출이 아닐지라도 바구니에 담겨올 새봄을, 새봄을 누릴 내일을 기다린다. 나 또한 냉이를 좋아하기에, 아니 애착하기에.

-「봄을 캐는 옥인 씨」

사경(寫景)적 표현이 읽는 이의 입안에 침을 고이게 하는 작품이다.

시어머니가 응급실로 실려 가셨다는 소식을 듣고 달려가는 길이 항상 다니던 그 길인데 그 익숙한 길이 갑자기 낯설었다. 그 조급한 마음, 며느리의 효심이 행간에 묻어있다. 시어머님이 회복되신 후 그 익숙한 길 위의 단상을 결말로 하여 전편을 아우르는 주제를 잘 형상화하고 있다.

> 오늘은 그 꽃들이 지기 전에 한 번 더 보러 간다. 꽃 앞에서 아기처럼 웃으실 어머니를 생각하니, 수련을 스친 고운 바람이 달음질쳐와 나를 안는다. 어머니와 함께 들며 나며 지나던 길, 익숙한 길 위를 달리는데 마음은 둥개둥개 바람을 타고 오른다. 둥개둥개 구름 위를 거닌다.
>
> -「익숙한 그 길 위에서」

눈밭에서 뛰노는 손녀를 보면서 어린 시절 아버지가 눈 오는 날 싸리비질 하시던 소리가 생각나 쓴, 아버지께 띄우는 편지글 형식의 글이다. 고향이, 아버지가 가슴으로 와 독자의 가슴을 깊이 울리는 글이다. 편지글 형식이 수필의 진수를 지니기 힘든데 잘 극복하고 주제 형상화에 성공한 작품이다.

> 밤이 깊었습니다. 눈은 펑펑 쏟아지고 그리움도 펑펑 쌓입니다. 아버지, 창을 열고 귀를 기울입니다. 눈을 치우며 길을 내시던, 아니 길이 되고 이정표가 되어주신 아버지, 이 한밤 어디쯤에서

눈을 쓸고 계신가요. 멀었다가 가까워졌다가 도로 아득해지는 그 소리를 기다립니다.

그리운 고향의 소리, 산뜻하고 힘찬 아버지의 싸리비 소리를….

-「눈, 아버지의 싸리비 소리」

김미자 수필의 자식 사랑은 희망의 노래이다. 오래 기다린 손녀의 등장은 그에게 삶의 활력소가 되었고 또 다른 사랑과 희망의 메시지를 던지는 아름다운 창이다.「쑥쑥이가 옵니다」는 임신 과정부터 신생아를 맞이할 때까지의 기다림을 잘 표현하고 있는 작품이고 무한한 자식사랑, 모정을 은근하게 잘 표현하였다.

포용은 역지사지에서 출발한다

포용은 성찰과 역지사지에서 출발한다. 자신에 대한 겸허한 성찰이 있은 후에야 상대방을 이해하고 싸안을 수 있다. 이런 성찰을 거쳐야 역지사지가 가능해지는 연유가 여기 있는 것이다. 사물을 보는 눈도 마찬가지다. 김미자는 자연현상을 보면서도 그 속에서 포용을 발견하고 끄덕인다. 그 교훈을 자신의 삶으로 끌어들인다. 그의 작품 속에는 성찰, 포용, 역지사지가 면면히 녹아들어 있다.

나이 들어가면서 몸에 이상신호가 울리기 시작하면 속상해지기 일쑤다. 그러나 김미자는 자신의 눈에 이상이 발견된 것을 글감으로 쓴「비문선생과의 동거」에서 유쾌한 동거를 선언한다.

그저 성가시고 집요한 잔소리라 여겼는데, 사실은 그만 좀 내달리고 주위를 돌아보라고, 더러 못 본 체 덮어주라고, 느긋하게 한눈도 팔라는 요청이다. 스스로를 단속하여 공손해지고 하늘 우러를 줄 알라는 가르침이다. 굳이 뜯어보고픈 것은 마음의 눈으로 살피라는 야무진 충고다. 그렇다 여기니 슬그머니 무안해진다. 숙고 끝에 그에게 '비문선생'이라는 호칭을 선사한다.

수년 전부터 몸 여기저기에 탈이 나도 무시하며, 생의 여름날 아직도 꽤 남았으려니 했다. 그런데 예고도 없이 찾아든 한기에 등줄기가 서늘했다. 그래도 '한쪽 문이 닫히면 다른 문이 열린다.'는 말처럼, 그동안 박차고 달려 나가던 문을 닫는 대신 느긋하게 드나들 새 문을 열어준 '비문선생'을 인정하고 받아들인다.

-「비문선생과의 동거」

김미자는 사람들끼리 살아가는 데에만 포용이 있는 것이 아니라 자연현상에서도 포용을 그려보는 작가다. 「채송화랑 고구마랑」이 그런 작품이다. 골목안의 빈 화분에 고구마 순을 꺾어 쓰겠다고 아주머니들이 고구마를 심고 그 곁 구석에 채송화를 심은 작가가 보살피며 쓴 글이다.

그들은 200여 년 전, 비슷한 때에 이 땅에 이주한 남아메리카의 식물들이 아닌가. 그들은 우연히 만나 서로 지낸 고향 친구였다. 그러니 고구마가 사라진 자리가 휑하고 쓸쓸해 보여 화분 곁을 지키고 섰다. 자꾸 작아지고 초라해지는 내 마음을 아는지 모르는지, 전생이 영롱한 보석인 채송화는 조그만 입을 앙다문 채 고요하다.

-「채송화랑 고구마랑」

「살다 보니」도 가족 간의 어울림 속에서 애쓰며 살아온 이야기를 펼쳐나가다가 문득 누가 잘한 것이 아니라 모두 함께 해낸 것이라는 겸손한 자기 성찰을 한다. 역지사지의 생각으로 포용하는 수작이다.

신앙심이 깊은 울림을 주는 작품들

김미자의 수필은 전체가 신앙심이 깊이 깔려 있지만 특히 「나의 가죽옷」, 「노아의 아내에게 차를 권하다」, 「다시 거울 앞에 서서」, 「그곳에 제단을 쌓다」, 「별을 헤아리며」 등은 신앙심을 글감과 주제로 삼고 쓴 수필이다. 그런데 이상한 것은 종교적인 글감이 자칫 풋내 나는 글로 전락하기 쉬운데 그 함정에 빠지지 않고 원숙한 신앙의 향기를 그윽이 내뿜고 있다는 점이다. 그것은 작가의 깊은 신앙심이 독자의 가슴을 촉촉이 적셔주고 있음이다. 그 비결은 표현의 절제와 구성의 치밀함이다.

「노아의 아내에게 차를 권하다」라는 수필은 상상이 수필을 얼마나 빛나게 하는지를 보여주는 좋은 예라 할 수 있다.

남편의 건강이 절체절명의 순간을 넘나드는 투병 끝에 회생한 과정을 쓴 수필, 「나의 가죽옷」은 구성과 표현 절제, 은유 등 수필의 요소를 고루 갖춘 수작이다. 간병 중 오로지 하느님께 매달리고 회복 후 그 섭리에 감사하는 내용인데, 가죽옷이라는 그릇에 비유와 은유를 잘 살려, 격한 감정을 누르고 절제의 미를 담은 작품으로 빚어냈다. 주제형상화가 아주 잘되었다.

> 가죽옷, 튼튼한 옷, 겉은 차갑지만 속은 따스하다. 바람을 막아 몸을 보호해준다. 입고 있으면 마음이 가벼워지고 즐겁다. 창백하던 얼굴에 생기가 돌고 기운이 솟는다. 손수 지으신 '가죽옷'을 입혀 사람을 험한 세상으로 내보내신 (창세기 3장 21절) 신의 뜻을 헤아리며 감사기도를 바친다. 이 성경 구절은 내 삶의 크나큰 격려이며 힘의 원천이다. (중략)
>
> 그 가죽옷을 입고 하루, 또 하루를 살아냈던 선조들을 생각하면서. 그렇다, 가장 좋은, 가장 튼튼한 옷은 바로 성경, 하느님의 말씀이다. 가죽옷이 몸을 보호하고 따뜻이 감싸주듯이, 주님은 내 짝에게 새 생명을 주시고 내 영혼을 따뜻하게 감싸주셨으니까. 때로 흠집도 생기고 세월 속에 낡아가겠지만, 흐르는 시간과 더불어 윤기도 더해지지 않겠는가.
>
> 두고두고 아끼며 마음 춥고 시릴 때마다 꺼내 입으리라. 나의 가죽옷, 하느님의 말씀을.
>
> -「나의 가죽옷」

남편을 간병하며 기도에 몰두하고 성경에 의지했던 초심을 돌아보며 다시 마음 끈을 조이는 작가는 생의 마지막 엿새를 창조하실 때의 엿새에 비유하며 성찰과 다짐을 마무리한다. 남편에 대한 사랑이 행간에 깊이 박혀 있다.

창조의 엿샛날에 주님께서는 손수 만드신 모든 것을 '참 좋았다(창세기 1:31)'고 하셨다. 말씀을 익히며 살다가 생의 마지막 엿샛날에 이르러 나 또한 좋았다고 말하고 싶다. 이 희망이 한갓 허무한 욕심이 아니기를! 내 영혼, 비록, 얼룩지고 흉터투성이지만 굽은 길 돌고 돌아 말씀의 거울 앞에 도착하였으니, 주님께서 앞날의 여정을 주관하시리라 믿는다. 그분은 나의 반석, 나의 산성이시므로.

-「다시 거울 앞에 서서」

꽃을 통해 인생을 은유적으로 노래하다

「민들레의 편지」와 「남창을 열며」는 민들레를 심고 가꾸며 인생을 반추해보는 수작이다. 김미자는 세상을 따뜻하게 보는 수필가이다. 민들레를 심고 지켜보면서 민들레를 의인화하여 그가 쓰는 편지글 형식을 도입해 그 성장 과정을 노래하며 행간에 인생을 숨기고 있다. 은유적 표현과 구성이 일품이다.

어느 날 문득, 편지 한 장 바람에 실려 온다면! 너의 소식, 너 닮은 보송보송한 씨앗이 찾아온다면 나는 그를 한눈에 알아보겠다. 단숨에 그 귀여운 것을 알겠다. 핏줄을 어찌 잊을까. 백리 천리를 날아온 피붙이를 팔 벌려 안겠다. 치마폭에 감싸 어르며 춤을 추겠다.

아아, 웃어도 눈물 어릴 그날을 기다리련다.

-「민들레의 편지」

민들레를 키워 씨앗이 날아가는 것을 이별로 보면서 인생에 비유한다. 민들레 홀씨 되어 날아가버리면 영이별이 될 터이니 조금 떼어 뿌리 곁에 묻어주며 어미 옆에 남겨준다고 노래한다. 고향이 그리워 돌아올 날을 위해 남창을 열어두겠다는 작가의 사랑은 인류애의 범주라 할 수 있겠다. 인생을 음미해 보게 하는 주제의 전달이 색다르다.

> 금방이라도 떠오를 듯 탱글탱글한 씨앗들과 눈을 맞추다가 미안하다고 속삭인다. 솜털을 조금 떼어 어미 곁에 묻어준다. 오래 생각한 계획의 실천이다. 이제 창을 열고 날아오른 씨앗들이 보이지 않을 때까지 손을 흔든다. 기도하듯 주문을 외며.
>
> 안녕, 안녕! 가서 잘 살아라, 고향이 그리워지면 언제든 돌아오너라. 그날을 위해 남창을 열어둘 테니….
>
> -「남창을 열며」

김미자의 수필은 자식 사랑 역시 희망과 보람으로 가득 찬 표현에 담아내고 있다. 「열무김치」는 위아래를 사랑하는 마음과 회고와 상상이 한데 어우러진 수필의 정수라 할 만한 작품이다. 그는 사랑과 포용, 그리고 희망과 순리를 주제로 꽃을 통해서 수필로 빚어내는 작가라 할 수 있다.

김미자 수필을 통해서 그와 함께 꽃을 통해 보는 세상, 신앙심과 깊은 울림이 있는 성찰의 경지 등을 맛볼 수 있기 바란다. 희망과 따뜻한 마음으로 세상을 보는 김미자 수필집의 일독을 권한다. 메마른 세상이 촉촉해지는 기분이 들 것이기에.